ただの主婦が東大目指してみた

ただの主婦
ただっち

家事を捨て、夫を巻き込んだ
無謀な挑戦と結末

フォレスト出版

プロローグ――「黒歴史」となった参考書　２０１８年８月27日

――終わった。終わったんだ。

ぜーんぶ、終わった。


気がつけば、赤門の前にいた。面接会場から、ここに来るまでの記憶がまったくない。

赤門。夢を胸に抱きながら、この門を通るのは今日で最後かもしれないね。ううん、多分、最後だね。

ぼーっと赤門を眺めた。思い出すなぁ、はじめてこの門をくぐったときのこと。未来の私の母校、だなんて思ったりしたっけな。あのときは楽しかったな。まったく想像できない未来を、自分の頭の中で描いて、実物を見て、少しずつ具体的な形になっていって。

もともとは、私の中に存在さえしていなかった夢。

でも、必死に探して、必死に形にして、必死に追いかけて。今の状況は、自分でつくらなければ、生まれなかったと思うと、とっても不思議。たった半年のことだったけど、自分の人生を生きてるって感じがして、幸せだったよ。

でも、今日でおしまい。

バイバイ、東大。

悲しいという気持ちがわからないくらい、心が干からびていくのが、はっきりとわかった。

赤門をくぐってから、家に帰るまで、心が何も動かなかった。何も考えたくなかった。

バタン・・・
ふぅ・・・終わった
家に帰るまでが東大受験だとしたら
今この瞬間に終わったんだ
机の上の参考書、計画書引き寄せノート
研究のために買った辞書たち
これ 全部もういらない
心理学IV
研究法
おかしいな
今日の朝まではキラキラしてるように見えたのに
今では全部黒歴史にしか見えない

さて。5カ月前は大好きで大好きで、大好きだったお昼寝でもしようかね。

あー最高、気持ちいい。リビングの床であおむけになって、天井をじっと見つめた。

やっぱり落ちたかな？　いや、落ちてるよねぇ。そんな気配しかないよ。まぁいいじゃん、東大落ちたからって人生終わりってわけじゃない。


東大だよ？　落ちて普通だよ。


だって私は凡人なんだから。

うん、そうだよ。現実に戻っただけなの。あれは夢だった。とっても楽しい夢。あんなに苦労したけど、今思い出すとフワフワして心地よい。ぬるま湯につかってたみたいな。ああ、うらやましいな。でも、**ただの主婦**として、また明日から再出発だ。

前までは、引きこもって、適当に家事をこなしてた。それは、傷つかずに済むし、しんどくない。そんなふうに「楽して過ごすこと」が私にとっての幸せだと思ってた。

だけどそれは、まったく違った。

たとえ努力が実らなかったとしても、夢を持って努力することが「一度きりしかない」自分の人生を楽しむための秘訣《ひけつ》なんだ。自分のために生きてるってことを実感できる方法なんだ。

まずは子どもを産んで、本気で好きなように生きてみて、はじめてわかったよ。

そして、それから余裕ができてから、また新しい夢や目標を見つけよう。そして、全力で追いかけよう。

でも、やっぱり東大に合格してこのままずっと今抱いてる夢を追いかけ続けたかったな。心が落ち着くまで、私の東大受験は黒歴史だ。東大に落ちたことを前提に、数時間悲劇のヒロインモードで静かに泣き続けた。

5カ月間、いろいろあった。

夫と向き合って。自分のズボラと向き合って。夢と向き合って。全力で追いかけて……、楽しかったなぁ。

目次

プロローグ――「黒歴史」となった参考書　2018年8月27日…　3

第1章
なめ腐った主婦、離婚の危機

専業主婦こそ至高のポジション　4月某日……　19
矛盾だらけの今日はガチ主婦記念日　4月某日……　21
私を離さないで(戸籍から)　4月某日……　24
(夫の)理想のタイムテーブルづくり　4月某日……　36

第2章
なぜ、ただの主婦が東大を目指すことになったのか？

努力しても家事が全然できん　4月某日……　42
夫による家事の監視　5月某日……　47
ダメ主婦、夫にも実家にも白旗　5月某日……　51

すべてバレていた　5月某日……55
「指の皮めくり」は誰のせい？　5月某日……58
夫のうっかり発言　5月某日……60
原因特定とアイデンティティ・クライシス　5月某日……62
ただの主婦か、ただのクズか…　5月某日……65
かっこいいから東大、という理由　5月某日……72
壮大な夢か、あるいは赤面ものの妄想か　5月某日……74
600万円の自分磨き　5月某日……78
東大生なのにバカなんですね　5月某日……83
最初で最後のチャンス　5月某日……88

第3章　知れば知るほど！東大への道のりはかくも険しく

夫に誤魔化しをきめる　5月末……95
受験生2日目　5月末……97
ビリギャルよりすごい　5月末……100

自分に期待できるように　5月31日……102
東大でマジで恥かく1時間前　6月2日……104
知能レベルの違いに愕然とする　6月2日……106
8月院試への決意が固まる　6月2日……115

第4章 神頼みに走るおかしい主婦

大学院入試に向けて走り出す　6月3日〜……120
オカルトで脳をアジャスト　6月某日……123
隠れスピリタンの誓い　6月某日……125
能力で勝てないなら個性で勝負?　6月某日……129
おかしい人になろう　6月某日……132
ただの主婦、東大教授に会いに行く　6月28日……134
不合格フラグ?　6月28日……141
学歴ロンダリング目的だと落とされる!　6月28日……144
過保護で過干渉　6月29日〜……146
夫の本性　7月2日〜……151

ハードな日々と睡眠不足の代償 7月5日 …… 153
賢くなった気になってた 7月12日 …… 159
泥草勉強法 7月13日 …… 162
体内にパワーストーン 7月某日 …… 163
英語試験前日 8月2日 …… 167

第5章 神は微笑む!? 東大院試スタート

東大院試1日目 8月3日 …… 172
社長さんは東大合格のキーパーソン 8月4日〜 …… 178
神に愛されてる私 8月17日〜 …… 180
大事な話 8月19日 …… 182
すごい人に勇気をもらう 8月20日 …… 186
ただの主婦はかく語りき 8月20日 …… 188
引き寄せブースト、始まる!? 8月20日 …… 196
本郷からの帰り道 8月20日 …… 198
ついに第一次試験合格発表 8月24日〜 …… 200
最終試験前夜 8月26日 …… 208

第6章 さよなら、東大受験 さよなら、ただの主婦

受験生活最後の日 8月27日……212
「何でわざわざ東大なの？」 8月27日……214
面接で泣きそうになるアラサー 8月27日……224
東大での研究はネタづくり？ 8月27日……229
さよなら東大受験、さよなら東大主婦 8月27日……231
夫に報告した結果 8月27日～……233
合格発表 8月31日……234
私が見つけたもの 9月某日……242

エピローグ――あれから1年後 2019年9月某日……246

あとがき……242

装　丁　西垂水敦・市川さつき（krran）
本文デザイン　富永三紗子
DTP　フォレスト出版編集部

第1章

なめ腐った主婦、離婚の危機

私はただの主婦
「ただっち」とでも呼んでおくれ
私の素敵な主婦生活のお話聞いてくれない？
ジリリリリ…
ガチャ…
午前7時。夫と共に起床
ただっち～早く起きて
ねむ…

夫が歯を磨いている間に
朝食づくり
朝ごはんといっても5分以内でできる簡単なものだけどね・・・
そのあとは夫が出ていくまでボケ〜っとするんだ
今週のラッキーアイテムは
いってらっしゃーい
いってきまーす
バタン・・・
・・・・

お見送り完了っと
ニヤリ…
そろり
そろり…
ここからが1日の始まり…❤
ではなく
本当は
スヤァ…
1日の終わり
…というのもスマホゲームで毎日徹夜しちゃって
昼夜逆転したせいで1時間しか寝ない
だから毎日夫を見送っては気絶するように眠るんだ…
Zzz…

まってー
早く帰ろー
そして
ふぁああ
今何時？
……15時ね
二度寝で7時間も寝る主婦なんて
フッ…
この世で私だけだろうね〜
この時点で夫が帰宅するまで残り 3時間
のびー…
ここからが戦争だ！

さすがに
夫にこんな生活してると
口が裂けても言えないから
ドドドドド
ドドドド
この時間で
思いっきり主婦業を
まっとうするんだ
家事のクオリティも
低いし少し罪悪感も
あるけれども
わーい
おいしい
夫は多分これで
満足してくれてる
在宅ワークで
お金も稼いでいるし
家事は全部やってるし
なんの問題もないよね
ピ
…ね？
私の主婦生活、
ステキでしょ？
……
働く女性は…

専業主婦こそ至高のポジション

4月某日

私はずっと「専業主婦」になりたかった。対人ストレスもない。時間に縛られることもない。好きな時間に昼寝ができる。好きに手が抜ける。パートが嫌になったら辞めて、次の仕事を見つければいい。

主婦にも休日が必要だって？……いやいや、いらない。会社に属していたときのことを考えると、いつも休暇みたいなものなんだから。

もちろん、子どもがいたり、意地悪系の姑《しゅうとめ》さんと同居していたり、介護をしなくちゃいけなかったりと、その場合は話が違うんだけど。子どもがいなくて、夫と2人暮らしをしながら「主婦業」をする分には、まったく苦なんかない。とってもラク。

家事や料理自体は別に「大変」じゃない。1人暮らしの男だって普通に家事もしてるし、毎日自炊してる人だっている。〝家事と子育て〟とか、〝家事と介護〟とか、何かが合わさってはじめて、フルタイムで働いている人に対して「大変アピール」ができるんじゃない？

そんな本当に大変な人たちの声に乗っかって、「しんどいアピール」する人が多くなるほど、それが社会の中で常識になればなるほど、それなりの「主婦業」を全うしなくちゃと罪悪感で胸がちくちくちく痛む。

私はもともと人見知りで、他人と関わると激しくストレスが溜まってしまう。だから、基本的にずっと家にこもっていたいタイプだ。そんな私にとって「専業主婦」はあまりにもぴったりすぎるポジション。そんなこんなで、社畜時代、いや学生時代から、いやいや、もっともっと前から、ずっとずっと「専業主婦」というものに憧《あこが》れを抱いていた。


念のために結婚できない可能性も考慮して、1人でも生きていけるようにまぁまぁの大学に入って、ちゃんと資格も取って、ちゃんと正社員として働いた。……でも、もうそんなことはしなくていい。なぜなら、私は今や、愛する夫が快適に過ごせるように家事をこなし、いつか子どもを産み、そして母という使命を全うすればいい（今は使命を全うできてるとは言えないけど）。

ああ、これぞ、誰にもとがめられずに家にこもることのできる、昔ながらの「女性」の生き方。なんて素敵な人生なんでしょう。

もちろん、社会でキラキラ生きている友だちを見ると、うらやましくなるけど別にいいんだ。私には「家庭」の中に「主婦」っていう居場所があって、「家事」やら「育児」やら、そんな使命があるんだから。誰かに尽くしていく人生。とっても素敵じゃないの。

……って、**他人に尽くすことが私の人生の目的**ってこと？　それって本当に、私にとって素敵な人生なの？

4月某日

矛盾だらけのガチ主婦記念日

そんな私でも、月に1回くらいは「ちゃんとした生活」を取り戻そうって思う。15時に起きる生活は、もちろん優雅で、社畜時代や学生時代に渇望していた生活。だけど、毎日続けていると罪悪感が湧《わ》くことがある。

「二度寝と昼寝から卒業しよう」

何度もこんなふうに思い立っては失敗を重ねてきたけど、今度こそ、ちゃんとする。今回こそはガチ。

「ガチ主婦記念日」とでも名づけていいくらいの、歴史的な1日になるでしょうね。自分改革がはじまるときのこのワクワク感、最高。なんていうか、新しい参考書を買って、1ページ目を読みだすときとか、日記帳をつけはじめるときの1日目。そんな感じ。

さて、夫を見送りましょうか。

「いってらっしゃい！」

眠たさをふりはらいながら、明るく声をかける。すると夫は、「いってくるね。……あ、昼寝しちゃダメだよ」なんて、わざわざ釘《くぎ》をさしてきた。

やはり私が毎日昼寝をしていることに気がついているようだ。

世の中の主婦たちは、どうして朝から猛烈に活動できるのか？　子どもがいるなら、まだわかる。だって世話をしてあげないと、生きていけないもの。

でも、夫は違うよね？

放っておいても死なないじゃん。

それに、クオリティの高い家事をしたからといって、お金を稼げるわけでもない。夫からの好感度は稼げるかもしれないけどね。

どこまで「主婦業」をちゃんとやるのかは、自分次第。なのに、しっかり「主婦」をしてる人がマジョリティなんだろうか。

頭の中だけを動かしても、眠気がさめることなんか絶対ない！　とにかく体を動かさなくっちゃね。洗濯、皿洗い、お掃除、晩ごはんの準備……っと。

すると午前中にやること全部、終わってしまった。朝から夕方までみっちり家事をやるイメージだったけど、よく考えてみればそんなに時間がかかるわけがない。いつも2時間で終わらせてることを、ただ早く起きて、心にちょっとしたゆとりを持ちながらこなしたってだけなんだから。

さて、夫が帰ってくるまでの約8時間、何をしよう。

仕事をしようか。いや、でもこの睡眠不足状態じゃ、とてもとても意欲が湧かない……。とにかく、昼寝をしてしまうことが一番いけない。昼夜逆転のスパイラルがさらに強化されるだけ。

負けるな私、せっかくの「ちゃんとした人間」になるチャンスだよ。

それから約1時間。お昼のワイドショーを見ながら、戦い続けた。でももうダメ、1日中こんな状態じゃ生きてる心地もしないし、睡眠科学の理論に基づいて、15分くらい仮眠をとるとするか。

そうして私は18時までぐっすり眠ってしまったのであった。

私を離さないで(戸籍から)　4月某日

そんな優雅な生活を続けていた4月のある土曜日のこと……。

ただっち
早く起きなよ もう9時だよ
ピピピピ‥
今日は土曜日だよ
一緒にアウトレットに行くんだよね？
・・・
だらー
あと30分で起きる〜・・・

はぁ…
も～！
あと30分だけだからね！
バタンッ
…
30分後にアラームして
ちゃんと起きなきゃ
すやっ
ピピピピピピ

ただっち?
…
はぁ
ねぇ
もう30分だよ
ねぇ
ただっち
ピピピピ…

……うるさいなぁ。

この人、平日はみっちり働いて、どちらかというと睡眠不足で生活してるはずなのに、休日も早く起きれるんだよ。朝型人間ってやつ？　ああ、すごいねぇ。

朝から行動して、早く帰ってうちで夕食食べようって？　ねぇ、その夕食って私がつくるわけだよね。

あなたは朝から行動すると満足かもしれないけど、私は夕食の準備のことを考えながら行動するから倍疲れるよ。つくったあとには、お片付けもあるし、お風呂の準備もしなくっちゃいけないし。

……そもそも出発前に洗濯と掃除もしなきゃいけないし。子どもがいるならまだしも、専業主婦だから手伝ってとはなかなか言えないし。

とにかく嫌だよ、朝から動くなんて。

「うん、わかった」「あと1時間くらい寝ようかな」「はいはい」「ちょっと頭痛いから昼まで寝ていたいなぁ」……。

そんなふうに言い訳をしながら、たしか11時半くらいまで寝たかな。適当に睡眠時間を引き延ばして、のろのろ起きて、13時くらいにランチに行く流れを想定してたんだよね。

「ねぇ、ただっちさぁ、本当に行く気あるの？」

「あるに決まってるじゃん。……あと5分で起きるからちょっと待って。ほらアラームも設定したからさ」

そう言って、スマホのアラーム画面を夫に見せた。すっと起きたいのもヤマヤマなんだけど、私って低血圧で、ウィンドウズ98なみに、起動するまで時間がかかっちゃうんだよね。すまんな。

でも、これもいつも通りの流れ。やさしいやさしい夫は、私のこんなダメなところも察してくれ……。

「……いいかげんにしろよ……。はぁ」

え？
ばっ…
なんて？
なんか
すごいこと言われなかった？
えーと
えーと
いい加減にしろよ
……はぁ。

「いい加減」っていうことは…
前からずっと不満をためていたってこと？
あの日も
も〜
先に行くよ！
この日も
寝すぎだってば！
あの時も
こしょこしょ攻撃！
アハハ
不満があったの？
えー!?
…
ピキーン！
…！

待って待って
それってヤバくない？
いつも優しい人が怒るときって最終段階だよね？
つまり
導き出される結果は・・・

離婚
サー…
待って
バァァアン!!
私を離さないで
(戸籍から)

ひーひー、ふー。

こわいこわい。大丈夫、落ち着け自分。謝ろう、いろいろなめ腐ってたことを謝って、傾向と対策をちゃんと説明し、きちんと数値化し……。そうだ、あれだ、今後はＰＤＣＡサイクルを回してがんばります、と約束しようじゃないか。ビジネスも家事も本質はきっと同じだからね。

「あの……、ちょっといいかな」

恐る恐る夫の視界に入り、しっかり目を見ながら言った。

「何？」

……声色でイラついてることがすんごいわかる。

「悪かったよ。今度からちゃんと規則正しくがんばるし。あの、これまで家事とかもちょっと手抜きになってってごめんね。そろそろ生まれ変わろうって思っててさ。（中略）これからはちゃんとがんばるから、今回は許してください」

ＰＤＣＡサイクルがぁ～、数値化がぁ～、とか思っていたけど、離婚への恐怖で頭がまったく働かず、ただただ支離滅裂に言い訳がましいことをだらだらしゃべってしまった……。

「はぁ……。ただっち、それ、前も前も前も聞いたから」

えーっと。ああ、たしかに言ったわ。頭の中ですっかり消え去ってしまっていた。

さすがにここまで夫が冷たく怒るのははじめてだけど、前から何度か注意を受けてて、ほとんど同じような言い訳をして、その場を適当にしのいできたんだ。ああ、どうしよう。ここですべてのツケが回ってくる？

少し沈黙してから、恐る恐るこう聞いてみた。

「今何考えてるの？」

「いや、今後大丈夫なのかなって」

「えっと……何が？」

「だってそんな感じじゃ子育てとか無理じゃん。オレ、嫌なんだけど、**昼まで寝てるお母さんとか**」

「いやいや、私だって他人が絡んできたらちゃんとやるって。考えすぎだよ」

「……じゃあオレは？　オレも他人なんだけど」

たしかに、夫も他人だ。

4月某日

（夫の）理想のタイムテーブルづくり

私には子育てができない？

夫がそんなふうに思っているなんて予想もつかなかった。もっと信頼されているものだと思っていた。

……だけど、よくよく考えてみれば当たり前だ。日頃から怠惰な生活をしている妻を見て、立派な母親になると思うわけがないよ。ああ、どうしよう、どうにか信用を取り戻さなくちゃ。

「あ……いいこと思いついた」

いいこと？　何々？　なんでも言って！

「タイムテーブルをつくろう」

タイムテーブルという言葉を聞いて、なぜか心がズキッとした。

夫の発案で
私の家事のタイムテーブルをつくることになった
正直なところかなり不快だ
・・・
だって自分の家なのに
家事の時間を決められてるとか奴隷みたいじゃん
はぁ…
まぁ
全部自分のせいだから仕方ないか‥‥
えーと‥‥
ゆさゆさ

朝ごはん つくって〜
ちゃーくん見送って〜
5分くらい休憩して〜
ちら…
見送ったその足で皿を洗いに行けば
いいと思うけど
ほら…食後早く洗わないと菌が繁殖するし
早く終わらせたほうがただっちも楽だし一石二鳥ってわけ。
ああうっせぇ
ほんとだぁありがとぉ
けしけし
うっせぇなぁ〜〜〜〜〜〜〜〜〜〜〜〜〜〜〜〜〜〜

そんなこんなで口出しされながら
これは
こうして
あれは
こう！
あははは…
あははは…
（夫の理想の）タイムテーブルが出来上がった
うわぁ
これ 毎日 実行するの・・・？
ただっち家事スケ
がんばるぞい

そんなこんなで、イラつきを最大限に抑えながら、超絶完璧《かんぺき》なタイムテーブルを完成させた。もう、見ただけで頭が爆発しそうなくらい苛立《いらだ》ちが湧いてくる。こんなんで明日から本当に実行できるのか？

……まぁ、きっとそのうち慣れるよね。しばらく我慢してこなして、習慣化できればこっちのもんなんだからね。さっさと口出しされないレベルになれば、こんなにイラつかなくて済むんだ。

さぁ、専業主婦としての義務を全うしよう。大丈夫大丈夫、家事くらいすぐにできるようになるさ。

しかし、本当に私は変われるのだろうか？

第2章

なぜ、ただの主婦が東大を目指すことになったのか？

4月某日

努力しても家事が全然できん

さて、今日から私は夫と共同でつくったタイムテーブルを使って、ちゃんとした主婦に生まれ変わるんだ。

昨日は嫌な気持ちになってしまったけど、心を入れ替えて、がんばろうか。いつもなら、夫と同じ時間に起きて、朝ごはんをパパっとつくっていた。でも今日は、夫が起きる前に起きて、朝ごはんをつくった。

うん、計画通り。

もともとズボラな性格で、事前に何かを決めて行動することが大っ嫌いな私。だからこそ、タイムテーブル通りに事をこなすということが心の底から不快だ。

……そんな不快さをふっとばす策として、「引き寄せの法則」を実行することにした。

引き寄せの法則とは……まぁざっくり言えば、「願いが叶《かな》って当然だと思い込むことで、その願いが現実になる」という法則である。予言の自己成就って感じかしら。科学的根拠があるとかないとか、オカルトだとか、宗教めいているとか、そんなことはどうだっていい。今の私には、自分のことを過信し、実行に移すことが大切なんだ。


私が何を願って、引き寄せようとしてるのかって？

それは、「夫にズボラについて何も言われない」「カリスマ的に家事ができる」「自分のことをダメ人間とか二度と言わない」という3つ。

気を抜けば、寝たいとか、手を抜きたいとか、そんな怠惰な感情が湧いてくるから、頭の中でこう願うんだ。

「私はカリスマ主婦、カリスマ主婦、カリスマ主婦」「私は几帳面《きちょうめん》、几帳面、几帳面」

このままだったら……私のズボラが原因で、当たり前だと思っていた「母親になる」という未来が、徐々に遠のいて、いつか消えてなくなってしまう。

がんばらなきゃ、がんばらなきゃ。

家事でボロを出さないようにチェックしなくちゃ
人一倍努力して
ズボラでもちゃんとできるって証明しなくちゃ
ちゃんとしなくちゃ・・・
そう思えばそう思うほど
あれ？
さっき
トイレの電気消した？
・・・

がんばれば
がんばるほど
ちゃんとしようと
思えば思うほど
フタ閉めた？
電気消した？
鍵閉めた？
洗剤入れた？
ゴミ捨てた？
窓閉めた？
蛇口締めた？
不安になって
チェックする
回数が増えた
確認
しなくちゃ
バタ
バタ
今は
つらいけど
慣れるまで
我慢だ・・・
はぁ・・・
ただっち
あのさぁ

もう
ただっち！
またソース
出しっ放しだよ
なんども
言ったけど
基本的なことを
ちゃんとやろうよ
基本的なことを
ちゃんとやろうよ
…かぁ
…うん
スタート地点が
マイナスすぎて
努力が伝わらない

努力量を褒めてほしいとか、そういうのって、きっとワガママだよね。だって、こんなに簡単なことなんだもの。ははは。

5月某日

夫による家事の監視

がんばりが伝わらなくて、悲しい気持ちになっても、努力で補えるはず。自分にそう言い聞かせてがんばった。何か1つ行動を起こすたびに、ちゃんとできているか確認しなくちゃいけないことが増えて、とてもつらい。

しかも、この努力をしたからといって、大きなプラスになるわけでもなく、収入が増えるわけでもなく、誰かに褒めてもらえるわけでもなく、「普通になれる」それだけ。

地獄だ。そんな日々を過ごしていると、次第に夫がいるとハラハラするようになった。夫から、逃げるように、見つからないように、バレないように、常に何かやましいことをしているような気持ちで、家事をするようになっていった。

ある日、夫がこんなことを言い出した。

「ただっち、最近帰りが遅くなってごめんね。……さみしくない？」

さみしいどころか、うれしいけどね。だって、監視されなくて済むんだもの。

「べつに。さみしくないよ」

むしろ毎日ゆっくり帰ってきてもいいくらい。こっちだって、いろいろあるんだし。

家事もそうだけど、在宅の仕事だってあるんだ。

「……ねぇ、ただっち」

「何？」

「オレとの結婚生活、楽しい？」
正直、楽しくない。

夫のこと、大好きだから、ずっと楽しかったよ。昼まで寝て、家事（雑）をして、ご飯の準備をして、お風呂に入って、一緒にテレビを見て、夫が寝た後明け方まで思う存分仕事をする。……そんな自分勝手な生活をしていたときは、楽しかったよ。
でも今は正直――

正直・・・
しんどい
・・・
ああ・・・そんなに家事がつらかったんだ
最近がんばろうとしてるから余計にそうだよね
一日中話し相手もいないし当たり前だよ！
オレももっとはやく帰るようにするからさ・・・
違う・・・しんどい理由はそれじゃない！

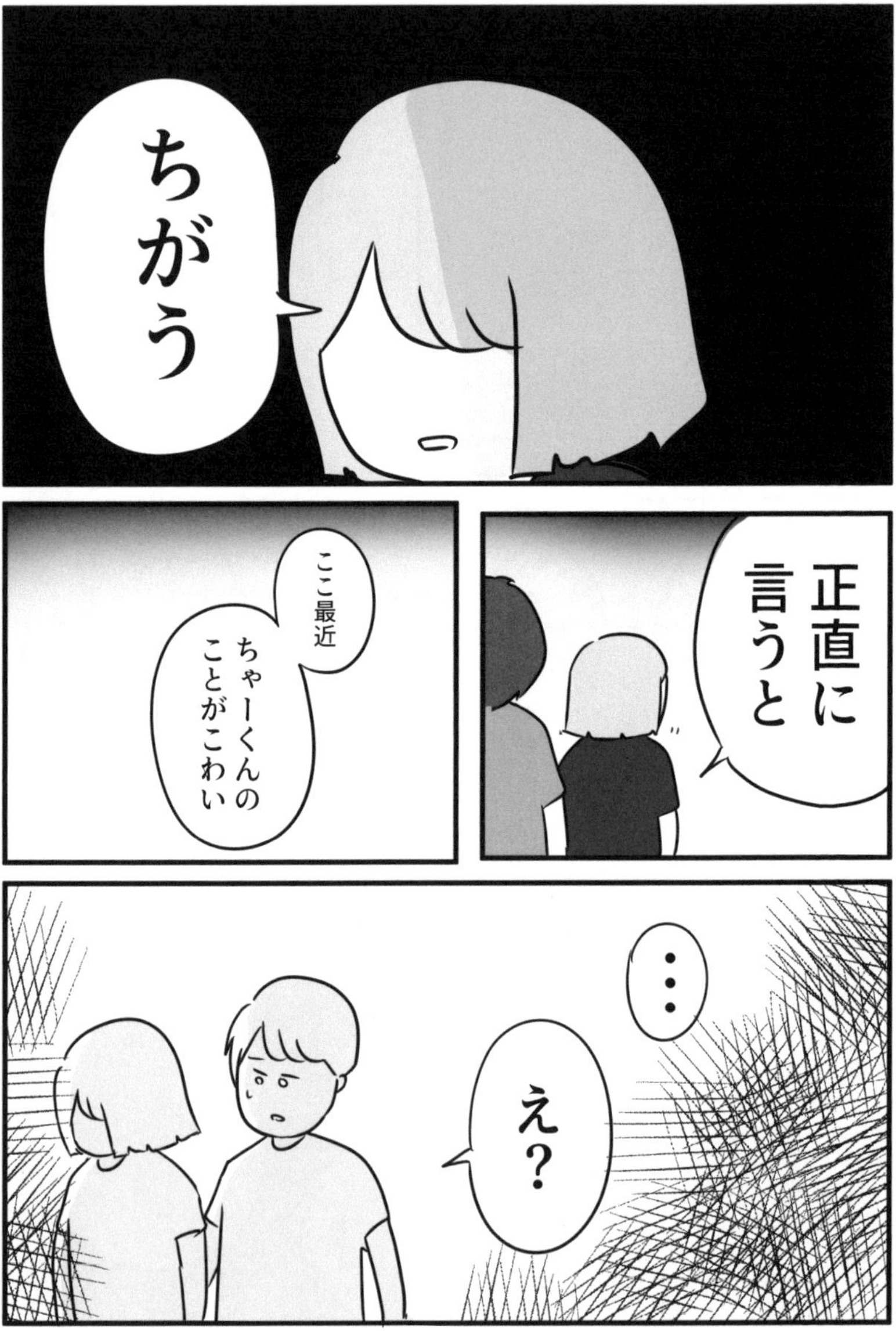
ちがう
正直に言うと
ここ最近
ちゃーくんのことがこわい
…
え？

ダメ主婦、夫にも実家にも白旗

5月某日

「ごめん……つい口出ししちゃって。厳しくするのが、ただっちのためだと思ってたんだ。こわがらせちゃって、ごめんね」

――ああ、違うんだ。ごめん。こわいだなんて、まるで夫が一方的に悪者みたいだ。

「夫くんは、悪くない」

そもそも私が普通の主婦の家事レベルの水準を満たしてさえいれば、こうはならなかったんだから。すべての元凶は私なんだ。

ごめん……本当にごめん。申し訳ない気持ちでいっぱいいっぱいで、ぶわぁっと涙がまた、あふれ出してきた。

そんな私を見た夫は、やさしい声でこう言った。

「ただっち、一度実家に帰ってゆっくりしておいでよ」

「じ……実家？　私1人で？」

「うん。今の状態だとオレと一緒にいてもつらいだけかもしれないし。軽くうつっぽくなってきそうに見えるし……好きなだけリフレッシュしておいでよ。オレのことは気にしなくてもいいから」

「ありがとう」

そう言って私は、すぐさま帰省の準備をし、休む暇もなく家を飛び出した。


「お母さん、ただいま～」とにかく明るく、台所にいる母に声をかけた。

実家に帰るのは、すごく久しぶりだ。きっと母も父も、それから妹も、私の突然の帰省を喜んでくれることだろう。

「えっ、ただっち？　何？」

……なんだよ、その暗い反応は。全然うれしそうじゃない。

「ちょっと最近生活に疲れちゃってさぁ。1日実家でリフレッシュしようと思って、帰ってきたんだ」

こんなことを言うと心配かけちゃうかもしれないけどね。

「……夫くんは？」

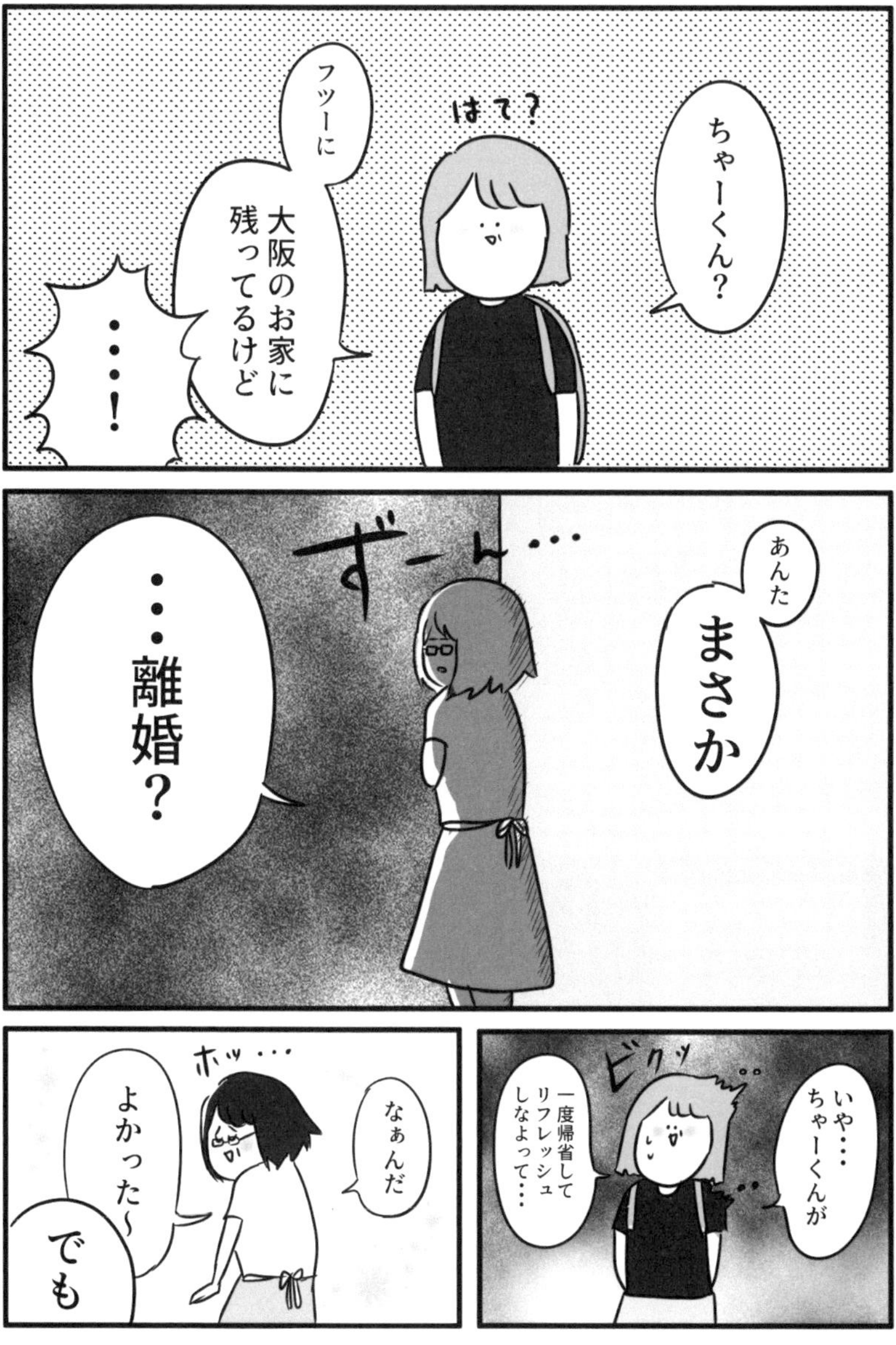
ちゃーくん？
はて？
フツーに
大阪のお家に残ってるけど
…！
あんた
まさか
ずーん…
…離婚？
ビクッ
いや…ちゃーくんが
一度帰省してリフレッシュしなよって…
ホッ…
なぁんだ
よかった～
でも

甘えてちゃダメでしょ
ちゃーくんは毎日働きに行ってるのにあんたが休むなんておかしいじゃないの
どうせ家事だってろくにしてないんでしょ！ズボラなんだから！もう！
できないならできないなりに一生懸命尽くしてあげないと！
…
はい
どこに行っても主婦の役割を果たせてないと責められるんだ
はぁ…
たとえそれが自分にとって苦手なことでも

5月某日

すべてバレていた

実家で親からコテンパンに批判され……ものすごく疲れながら、夫の待つ家へと帰ることにした。ゆっくりして帰るつもりだったけど、あまりにも居心地が悪いから、朝帰り。私が実家に帰ってわかったことは、ただ1つ。

「夫くんの妻である限り、人並みに妻らしくすることがベストである」

それだけだ。……知ってたけどね。

さて、1日たった今（正しくは半日だけど）夫はどんな心境なんだろうか。1日離れて、よくよく考えてみたら、まだ子どももできていないし、離婚したほうがマシだって気づいちゃったりして。イライラしながら1人のズボラ女に固執し続けるよりかは、ズボラモンスターとの結婚の反省を活かしてもう一度婚活するほうが効率がいいに決まっている。

そんなふうに頭の中で次から次へと無限に湧いてくるネガティブ思考をぐるぐるさせながら、夫の待つ自宅へと向かった。

ガチャッ。夫のいるリビングのドアを開けた。

「ただいま……ちょっと早いけど帰ってきちゃった」

「えっ……びっくりした！　今日は珍しく早起きなんだね」

えーと……それで、そうだ、折衷案を出してこの場をなんとかしてしまおう。

「夫くん、あのね、聞いてほしいことがあるんだ」

「うん、何？」

「私ね、これからできる限り家事をがんばっていこうと思ってる」

「……うん」

「でも、夫くんが私に求めてるレベルの家事は、一生できないんじゃないかなって思った」

「……それは、やりたくないから？　できないと思うから？」

うっ！　1日冷却期間を授けたのに、結構ぐいぐい突っ込んでくるんだね。落ち着け、落ち着け私。

「できないからだよ。タイムテーブルのときに、ミスが出ないか何度も何度もチェックしながらがんばってはみたんだけど、それでもダメでさ。もしかしたら、生まれつきそういう傾向が高い人間なのかもしれない」

「ああ……」

「でも、夫くんと一生一緒にいたいから、私なりに一生懸命がんばるって約束する」

「………」

ちょっとくさかったかしら。でも、これくらい言っとかなくっちゃね。

「そんな自覚があるなら**一度病院で診てもらったら？**

ほら、ただっちがストレス溜まったときに、**指のささくれを広げる癖**も最近どんどん酷《ひど》くなってるし。自傷行為って感じがして見てられないよ」

あれっ……この癖、これまでずっと隠して生きてきたつもりだったんだけど、バレてたのか。私の手元なんて、じっくり見てる気配なんか一切なかったから気づかなかった……。

隠してるつもりだったけど、隠せてなかった……？　なんでかわからないけど、顔がかぁーっと熱くなっていった。

「指の皮めくり」は誰のせい？

5月某日

「指の皮をめくってしまう癖があるんですね。これはいつからですか？」

「あ……はい。この癖はたしか、２歳くらいからで。ずっと親から注意されてきたのですが、なかなかやめられなかったんですよね。でもなんていうか、精神的なものではないと自分では分析してるんです。えっとほら、つらいからめくってほっとしてるとか、そういう感じではないんですね。めくるとスカッとするっていうか。あれですよ、プチプチをつぶしてるときの爽快感。私はね、そんなに気にしてないんですよ。だって日常生活に支障をきたしてるわけではないですから。だけど、夫が心配して、受診をすすめてきたので、今ここに来てるのです」

「ええと、ただっちさん。何か悩みとかありますか？　たとえば、夫婦関係とか、嫁姑関係とか、お金のこととか」

げっ……私、やっぱなんかあるっぽい？　それってレディースクリニックでよくある悩みＴＯＰ３なの？　皮肉なことに、私の中の一番の悩みは、今この状況だよ。

「今のところは……特に問題はありません」

「そうですか。ではただっちさん、指を見せてもらってもいいですか？」

「はい……」

何度も何度も皮をめくった指は、自分でもすごく痛々しく見える。特に、親指はギョッとされるくらい酷い。だからいつも、親指をできるだけ人に見せないように隠したり、ひどいときは絆創膏《ばんそうこう》を貼ったり、とにかく見られないように努めた。だけどこの先生は専門家だから、見せてもきっと大丈夫だ。もっとすごいものも見てるはずだから。大丈夫、全部見せて大丈夫。

ドキドキしながら手を差し出した。差し出した手は、少し震えていた。

私のボロボロになった手を見て、先生はぎゅっと手を握ってくれた。

「今まで、無理にやめさせられようとしてつらかったでしょ？」

……うん、とても。でも治せなかったのは、自分の甘えだよ。自業自得なんだから、そんなにやさしくされなくていい。

「いろいろ言われてきたでしょうが、そんな簡単にやめられるくらいなら、とっくにやめてますよね。痛い思いをするのは自分なんですから」

ああ、この行為を責められないのは、つらさを理解してくれたのは、生まれてはじめてだ。ぶわぁっと感情の波が押し寄せてきた。涙が出そう。うわぁって思いっきり泣きたい。

だけど、やっぱりまだ診断されたくない。だから泣くのは我慢だ。

「結構慣れっこですけどね、あはは」

やさしくしてくれた先生には申し訳ないけど、そんな感じでヘラヘラした。ヘラヘラしないと絶対泣いてしまうから。

「ただっちさん、皮をめくるのをやめられないのは、あなたのせいではないですよ。それからね、心の不調で悩むことは、決して恥ずかしいことでも、悪いことでもありませんよ。誰にでもありうることなんです」

夫のうっかり発言

5月某日

「病気」という言葉では、受け入れがたいけど「不調」という言葉だったら向き合える。単なる言葉のマジックにすぎないけど、私の石頭には最適な治療法の1つだ。

「ただっちさん。まず、分析しましょう。どんなときに皮をめくってしまって、どんなときにしていないのか。よく観察してみてください」

ほう、まずは自己分析ってことなんだね。そういえばさっき先生に、精神的なことが原因で皮めくりをやってるわけじゃないって豪語してしまったけど、それが虚勢だったってことがバレてるみたい。ま、いいか。

「不調を改善する一番の方法は、皮めくりをしてしまう原因を取り除くことです。基本的にはできる限り取り除く工夫をしてください」

「なるほど」

「……ですが現実的に考えて、原因のすべてを取り除くことは不可能ですよね。ですから、その場合は皮膚をむしるという行為を、別の行為に置き換えてみてください。たとえば、皮膚むしりをしてしまうタイミングに、プチプチをつぶすとか、柔らかい毛布を触るとか。自分的に心地よく感じるものに置き換えるんです」

……てっきり精神薬を処方されるのかと思いきや、ただ「日常生活で自分でできる工夫」を教えてくれるだけだった。

今までずっと心の不調は自分のせいで、気合いでどうにかすべきことだと思っていたし、ささくれが広がっていくたびに罪悪感で苦しくなった。一生こんな感じで苦しむんだろうなって半ばあきらめていたけど、今日ここに来たことでそんな苦しみから抜け出せたような気がした。病院から出ると、夫が外で待っていた。病院で先生に言われたことや、気持ちが楽になったこと、来て良かったってこと、自宅に向かいながら丁寧に伝えた。すると、夫はこんなことを言ってくれた。

「ただっちが楽しく過ごせるように協力したいから、**まずはなんでもオレに相談してね**」

――この言葉が、私の人生を180度変えてしまうだなんて、思ってもいなかった。

5月某日 原因特定とアイデンティティ・クライシス

先生は可能な限り、ストレスの原因を取り除くことが大切だって言ってた。

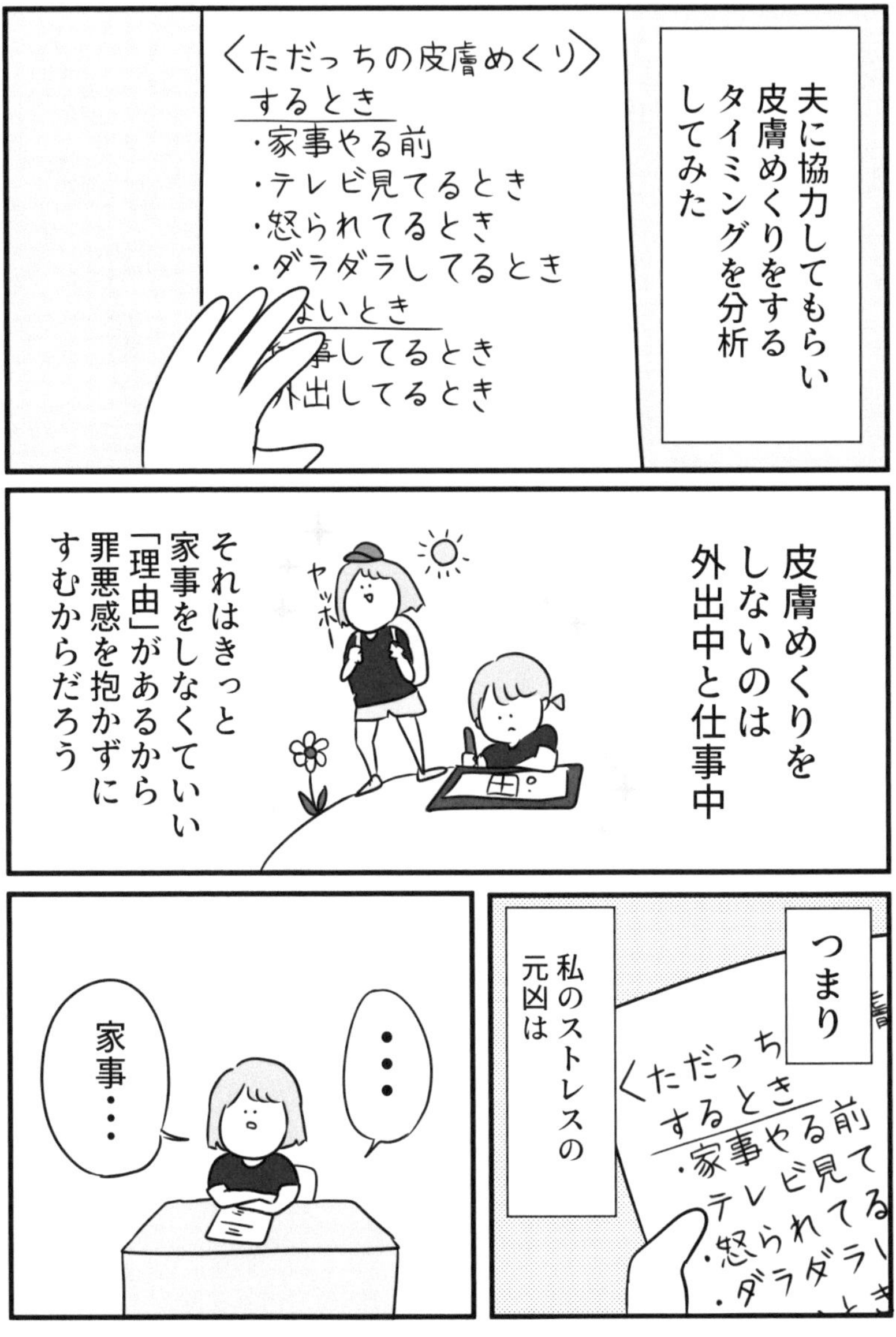

夫に協力してもらい
皮膚めくりをする
タイミングを分析
してみた
〈ただっちの皮膚めくり〉
するとき
・家事やる前
・テレビ見てるとき
・怒られてるとき
・ダラダラしてるとき
ないとき
事してるとき
外出してるとき
皮膚めくりを
しないのは
外出中と仕事中
ヤッホー
それはきっと
家事をしなくていい
「理由」があるから
罪悪感を抱かずに
すむからだろう
つまり
私のストレスの
元凶は
〈ただっち
するとき
・家事やる前
テレビ見て
・怒られてる
・ダラダラ
・・・
家事・・・

……専業主婦から「家事」を取り除く？

家政婦でも雇うか？　ていうか、専業主婦が私のアイデンティティなのに、それを取り除いちゃったら、私は何者になるんだよ。

子どももいないし、家政婦を雇うほどの稼ぎだってないし。もう一度社畜になって、やりたくない仕事をする？　いやいや、そうすると対人ストレスが発生するわ、家事は分担になるとはいえ。きっと私のほうが早く帰れるとか、稼ぎが少ないからとかいう理由でしんどさ2倍になるだけ。絶対嫌。

ははは、やっぱり「女」と「家事」は基本的には切り離せないよね。

こんなことを言うと、フェミニストに怒られてしまいそうだけど、結局は女がやるほうが効率が良くて合理的で自然なことなんだから。

でも、家事をがんばる義務をなくすことができるのなら――まさに、ワンダフル・ライフじゃない？

そういえば、夫、「なんでも相談して」って言ってたよね。もしかして、もしかしたら……？

5月某日

ただの主婦か、ただのクズか…

「家事をがんばらなくちゃ」

そう思うのは私が「専業主婦」だから。妻だから。女だから。家にいるんだから。子どもがいないんだから。ちゃんとするのが普通で、ちゃんとしてはじめて「普通」なんだ。

だからこそ、まともに家事ができない、怠惰な自分が憎くて嫌いで情けなくて、でもそんな自分から抜け出せなくて——自分の手を傷つけてしまう。

それならいっそのこと、「がんばること」をやめてしまえばいいんじゃないの？家事が心から楽しいのなら、それでいいけどさ。私は違うじゃないの。そんなに自分を責めてまで、がんばって、なんかいいことあるの？

もちろん、家事のクオリティが高ければ高いほど、夫の満足感は上がるでしょう。でも、家事ってあくまで「生活の一部」にすぎないから、いつかは家事のクオリティを保つための「主婦の努力」も当たり前だって思われてしまう。褒められるためにやってるわけじゃないけど、第三者から評価や賞賛を得ることはモチベーションにもなるし、自分の努力が可視化できたような、そんな気がして心が満たされる。

ああ、そうだ。私が「家事」をがんばる気になれないのは、これも理由の1つなんだろうね。

だけど、今の私から「家事」をがんばる義務を除外したら、どうなるの？

もちろん、自由になれるよね。でもさ、その勝ち取ったフリータイムで一体何をする気なの？　好きなだけぐーたらして、好きな時間に仕事をして、気が向いたときに必要最低限の家事をするか？

……いや、それじゃあ今の状態と変わらないよ。家事への責任感をなくしただけの、ただのクズじゃないか。

家事をがんばらない時間で、一体何をすればいい？　何ができる？　何がしたい？

何なら許される？

……そういえば昔読んだ、なんかの哲学の本にこんなこと書いてあったな。人間って、本当は努力次第でなんだってできるのに、自分で勝手に「できない理由」の檻《おり》をつくって、閉じこもって、楽してるだけなんだって。

たしかにそうだと思う。

私が今まで選んできた人生の選択肢はいつも「自分の限界」「他人からの評価」「実現可能性」を考えたうえで選んだものだった。今までの選択の根底には、一体何がある？

親に反対されたから。才能がないから。頭が悪いから。あの子にバカにされるから。夢見がちだと思われたくないから。ブスだから。自信ないし。私は運が悪い。平均の人生を送りたい。結婚したから。地に足を着けなきゃ。どうせ無理ならやらないほうがマシ。失敗したくない。知能が低い……。

やらない理由はつくろうと思えばいくらでもつくれるんだね。

でもこれって、事実じゃないよね。自分の頭の中でつくり上げた妄想だよ。

まぁ、こうやって保守的になればなるほど、「地に足が着いた考えだね」「落ち着いてるね」なんて言われて褒められるんだろうけど。

それじゃあ、面白みがないよね。

地に足を着け続けて、何かいいことある？　周囲の人は喜ぶかもしれないけど、私自身はたいして楽しくない。1回きりの人生なのに。


よし！　一度限界点とか、実現可能性とか、そんなことを考えるのはやめだ。心の檻を取り外してしまおう。


さて、私は一体、何がしたくて、どんな人になりたいのかな？

ふふ、なんだかワクワクしてきちゃったよ。

こんな気持ち、何年ぶりだろう。

今から
やってみたい
ことってなんだろ
えーと・・・
うーん…
実現可能性は
さておき・・・
お医者さんも
ステキだし・・・
どうも
女医です!
弁護士も
かっこいいな
たいして努力してないのよー
人類みなトモダチ〜
FREE HUG
バックパックで
世界一周とかも
いいな
なんだ
ぱぁああ…
私ってこんなに
やりたいことが
たくさんあるんだ

でももう
アラサーだから
大変だなぁ…
医者になるのに
6年以上かかるし
ひぃ
6年も勉強するなんて
人生もったいないよなぁ
…いや
…本当に
もったいないの？
精子だった私は
競争に打ち勝ち
無事に生まれ
オギャン
無事に
歳を重ねて
アメはおいしい
いつかは
死んでいく
ほなさいなら…
ただっちのはか
やりたいことは
無限にあるけど
時間は有限

今の生活に
必死ですっかり
忘れてたけど
「私」には
終わりがあるんだ
それなのに
苦手なことをがんばって
ストレス溜める人生…
そんなの絶対イヤだ
バイバイ
「家事」を
がんばる私
ヘラッ

5月某日

かっこいいから東大、という理由

まだ夫の許可はないけれど、家事をがんばらないとして、その時間で何をしよう？ もう夢いっぱいの10代でもないし、行き当たりばったりでは、到底良い結果は得られない気がする。それに新しいことをはじめて新しい自分になりたいけども、ちゃんと死守したいこともある。

それは、できるだけ夫と長い時間を過ごして、子どもを産んで、お母さんをやること。そんな当たり前で、素朴な夢を捨ててまで追いかけたい夢なんてない。それは大前提だ。その前提を踏まえて、私はどうしたらいいのかな？

今まで生きてきた感じでなんとなくわかるけど、ちょっとした「うっかり」が大迷惑につながる仕事は絶対ダメだ。医療関係はもちろん、書類やデータを扱う仕事もダメそうだ。あまりにも不注意が多すぎるからチームワークを要する仕事は、自分がつらい思いをするだけじゃなく、他人《ひと》にも超絶大迷惑だ。

そうなるとやっぱり、今のようにフリーランスとして、1人で黙々と絵や漫画、文章を描く仕事が向いてると思うし、何時間作業したって苦にならない。なんとなく流れでやってた仕事だけど、私には「天職」なのかもしれない。

でも、正直絵の才能があるわけでもなく、特別なセンスがあるわけでもなく、専門的な知識もない。今イラストや漫画の仕事があるのは、どう考えても運が良かっただけなんだ。だから、この強運の流れが終わってしまったら、仕事がなくなってしまうだろう。

「平凡」な私が、ものをつくる仕事をしながら生きていくためには、どうしたらいいのかな？　美大や専門学校に行って、絵の技術を高めるといいかな？

……いや、絵が上手なんて山ほどいるんだよ。理論を学んだからって、単純に〝絵〟で勝負できるほどの能力は私には、ない。

クリエイティブな世界で生きていきたければ、とがって、とがって、唯一無二の存在になるのが手っ取り早い。自分にしかない属性を重ねて、重ねて、オンリーワンになればいい。その人にしか生み出せない、特別な何かをつくれる人間になれば、頭1

っ抜けられるんだ。

きっとそう。そんな〝とんがり〟を得るには、何をすればいいのだろう？

あっ、そうだ。東大……。

たとえば、東大とかに進学して、学問の道を究めてやれば、すっごいとがってくるんじゃない？　ゆるい感じの絵や漫画、文章が書けて、しかも東大卒の、なんかの学問の博士。

うわぁ、かっこいいじゃない。

なんかよくわからないけど、博士だったら、誰かの何かの役に立つものが生み出せそうだし。

我ながらナイスアイデア！

壮大な夢か、あるいは赤面ものの妄想か

5月某日

さっそく東大について調べてみた。

私が東大生になる方法は、3つある。学部入試、学部編入、大学院入試の3つだ。この中で一番難易度が高いのは、間違いなく学部入試だ。高校レベルの内容だとはいえ、8科目も勉強しなくちゃいけない。編入や大学院の入試だと、科目は少なくて済むけど英語や第二外国語、専門科目、論文や研究計画書づくりにプレゼン、口頭試問……。

大学院だと、**早くてあと3カ月で院試**（8月に実施）があるみたい。

3カ月かぁ……でもなぁ、専門知識がゼロの状態だから、ちょっと厳しくないか？しかも東大の学部入試を通さず晴れて「東大生」になれたとしても、「学歴ロンダ」とか揶揄《やゆ》されるんだろうな。まぁ、学部入試の難易度が異次元レベルに高いから、仕方ないんだけど。

ところで、私は何の研究者になりたいのかな？　東大に入学して、とがりたいっていうのも理由の1つだけど、どうせ究めるなら、誰かを幸せにするような研究がしたいな。

ぐるぐると考えを巡らせていると、ふわっと心療内科の先生の顔が頭に浮かんだ。

心療内科に行って自分の**「皮膚むしり」**が自分のせいではないって知って、ものすごく楽になった。何十年も縛られていた苦しみや罪悪感から解放された。

先生は私の「幸福度」に貢献したといっても過言ではない。薬を処方してくれたり、夫に話をつけてくれたり、そんな具体的なことをしてくれたわけではない。なのに、ものすごく大きな影響だ。

……きっと、人間の幸福度を決める大きな要因は、「脳」の使い方なんだ。考え方1つで、「心」の状態がこうも大きく変わるんだもの。私も先生みたいに、自分の考え方のせいで苦しんでいる人のために、何かをしたい。

ああ、見つけたぞ、私の夢。

考え方の癖や、外的要因のせいで心が雁字搦《がんじがら》めになっていて、しんどい思いをしたり、自分の人生を楽しめていない人をラクにするような研究をして、自分の書く漫画やイラスト、文章でわかりやすく、たくさんの人に広めたい！

研究者になるには、東大で基礎から勉強をして、博士号を取るのが一番だろう。時間はものすごくかかるけど、やっぱり学部からやり直して基礎を築こう。

そして、いろんな人との出会いを大切にして、全部全部、自分の人生の糧《かて》にするんだ。

大学受験用の予備校で働いていた経験もあるから、理論的には合格までの筋道が立てられるし、どう勉強すればいいのかもわかる。ああ、すべてがきれいにつながった！

やっと本気でやりたいことが見つかって、ずっとかかっていた霧がカラッと晴れて、人生動きはじめた感じがする……！

ピタッとブロックがはまったような感覚。ああ、ドーパミンがどくどく分泌されてる。

なんだかもう、じっとしてられないくらいワクワクしてる。

よし、私は東大へ行くぞ。夢を根こそぎ掴《つか》んでやるぞ。

ただの主婦の生活は、今日でおしまいだ。

5月某日

600万円の自分磨き

さて、ここからが問題だ。学部は4年、修士は2年、博士は3～5年。最短で卒業できても、学費その他もろもろ込みで**約600万円**かかってしまう。

自分磨き代としては、あまりにも高すぎる。ちょっとそこらのカルチャースクールに行く感覚ではないし、博士号を取得したからといって確実に将来の稼ぎにつながるものではない。

もちろん、合格しなくちゃ何もはじまらないけど、夢に向かって歩みだすって時点で、夫の許可を得るべきだ。

この時点ですでに5月。もし来年から東大生になりたいのなら、もう時間がない！

その日、夫が帰宅してすぐさま私のこの「ナイスアイデア」を伝えることにした。

扉を開けて、玄関に入ってきた瞬間、すぐに言った。

あのさ
突然だけど
夢のために
自分に600万
投資しても
いいかな？
ん？
600万？
はっ？
？
？
あ
まさか
起業？
言っちゃぁ
悪いけど…
ビジネスの
基礎からまず
ち…
ちがうよ！

心療内科に行って
自分の将来を
考えた結果・・・
東大受験して
学部レベルから
本気で勉強して
研究者になりたい
って思ってさ・・・
・・・っ！
顔から火が
出そうなくらい
恥ずかしい・・・
プシュー
えと
博士？
東大？
研究？
本当に
どうしたの
急に・・・
やばっ
リカバリー
しなくちゃ
仕事も続けるし
家事もがんばるし
ちゃーくんには
迷惑かけないって
約束するからさ

ちゃ…
ちゃーくんは
反対…？
普通に
反対だよ
なんだか
浮かれてる
みたいだけど
…大丈夫？
600万って
学費だけでしょ
合格
できなかったら
浪人し続けるの？
妊活は
どうするの？
子どもの教育費も
貯めなくちゃ
いけないんだよ？

それに
東大のネームバリューに浮かれてるだけなんじゃないの？
いや
東大卒って肩書きも
役立つかもしれないし
ほら
やっぱり東大卒になりたいだけなんだよ…
とにかく反対！この話は終わり！
…もっと普通の幸せでいいんじゃない？

東大生なのにバカなんですね

5月某日

夫に、東大受験を反対された私は寝室で1人、ひとしきり泣いた後、スマートフォンを使って東大の悪口を必死に探していた。

どれどれ、東大大学院にロンダして、人生終わった人のブログ？　面白そうじゃないか。

〈東大は努力で入ってはいけない。

必死に努力して東京大学に合格すると必ず不幸になります。ああ、どうして背伸びをして入学してしまったんだろう。

そもそも東大の学部の上位層は、たいして受験勉強もせずに合格した人々。一般的に想定されるような受験勉強を経験したような、努力組はヒエラルキーの最下層に位置することになります。

最下層に位置してしまった場合、教授からも見放され、同級生からもバカにされ。

そして何より授業についていけない。もう完全にうつです〉

――ほほう、これはまさに不幸以外の何ものでもないなぁ。おっ、コメントがついてるぞ。

〈ロンダ乙ｗｗｗ〉

〈東大生なのにバカなんですね〉

あはは、まぁそうだよねぇ。

一生懸命がんばって入学して、こんなふうに絶望するなんて絶対嫌だよ。私なんてどう考えても努力して入学するタイプだし。やっぱり努力だけで天才の仲間入りしようたって無理があるよね。うんうん、勢いに任せて東大受験決行しなくてホントよかった。

夫、止めてくれてありがとうね。

これだったら自分で勉強して、個人的に研究するだけのほうがよっぽどいいわ。自分が向上するために、一念発起して、努力して努力して高くまで登った階段から転落しちゃったら……ただでさえ地に堕《お》ちている自尊心が、堕ちて堕ちて、やがてマントルに到達しちゃうでしょうね。

ああ、バカバカしい。

そんなふうにあれこれと考えを巡らせていると、夫が部屋に入ってきた。そして、私の隣に寝転んだ。

「…………」

なんだよ、わざわざ隣に来て寝るくらいなら何かしゃべってくれよ。

こちとらは、東大に入学して研究者になりたいとかなんとか、**ドリーミーな発言**しちゃってすごく恥ずかしいんだよ。

私に一体なんの用?
・・・
ごくり・・・
もしかして私の東大受験・・・許してくれるの?
落ち着け
冷静に冷静に
あのさぁ
受験のことだけど
そんなに受けたいなら
今年1回限り受験してみてダメだったらあきらめるってのは?

今年・・・1回限り・・・？
1回ってまさか今年度の試験ってこと？
うん
今年って言っても今5月だよ？
しかも
私たち7月に東京に引越しもあるし
8科目もあるんだよ？
本気だよ高校内容だし
妊活のことも考慮すると早いほうがいいし
そもそも
研究者になるならそれくらいできないと無理じゃないの？

最初で最後のチャンス

5月某日

たしかに自然妊娠ができるかどうか、まったく予測できないから妊活開始は早いにこしたことない……。あっ……もしかして、部屋にこもってふて寝してた私を見て、こんな考えが浮かんだんじゃない？

「1回受けときゃ、満足するんじゃない？　途中であきらめる可能性だってあるしね」

そうだ、きっとそうだ。ついさっきまで大反対してた人が、突然賛成するだなんて絶対変だもん。

本当はあともう1年欲しいところだけど……。夫の魂胆がどうであれ、せっかく手に入れたチャンスだ。ここで無理に延長を求めるよりも、手に入れたチャンスを生かし切るほうが得策だろう。本来ならなかったチャンスなんだから。うん、私はこのチャンスを絶対活かしきる！　決めた！

「夫くん、譲歩してくれてありがとう！　今年精いっぱいがんばってみるよ」

「うん、オレも応援してるね」

ふふ、夫ったら、私が1回で合格したらどんな顔するのかな。きっとビビり倒すだろうな。

さぁ。明日はさっそく過去問を解いて、自分の弱点を分析して、計画づくりをはじめよう！　夢の実現への第一歩だ！

第3章

知れば知るほど！東大への道のりはかくも険しく

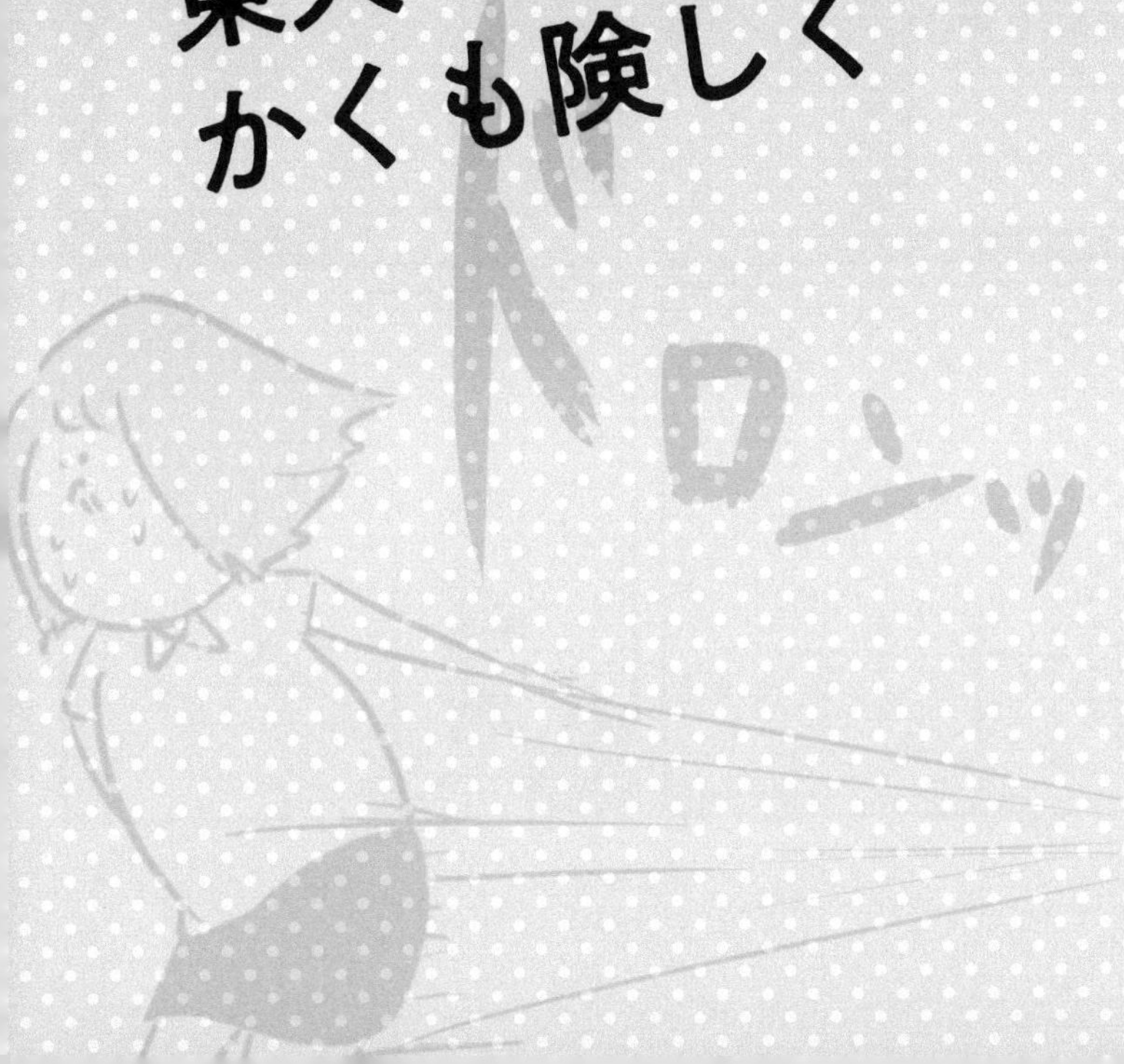

今日から私は受験生だ
新しい朝
希望の朝
東大生になって本郷を歩いている姿を想像すると
オラオラ
ムン
ムン
心の奥底から活力がムンムン湧いてくる！
朝もすっと目が覚めたし家事もスピーディにできてるし
私に必要なのは
ただっちの家
・6:30〜起
・6:45〜朝食
・7:00〜皿洗
・7:15〜洗た
スケジュールじゃなくて夢だったんだ

なんだか
今日のただっち
シャキッとしてるね
ま
未来の東大生
ですから
勉強
がんばってね
あと引越しの
準備もね
あっ
うん・・・
引越しのこと
すっかり忘れてた
は〜っ
・・・まぁ今日は
適当でいいかな
とにかく今日は
過去問を解くぜ
ビュンッ

とりあえず文科系に必要な試験問題を、ネット上で入手してひと通り印刷した。英語やら数学やら、何年ぶりだろう？　得意科目で散々な結果だったら、きっとショックを受けて萎《な》えちゃうだろうなぁ。よし、だったらどちらかというと苦手な数学からはじめよっかな。

とりあえず解けそうな問題から手をつけることにした。おっと……昔得意だったはずの微分積分ですら完答できそうにないぞ。……出だしでショックを受けるのはかなりまずい。うん、ちょっとスマホでヒントを見ようかしら。まだ受験生1日目だしね……？……は？

アラサーになって脳みそが老化してるから？　問題が難しぎるから？　東大レベルだから？　1時間も集中すると頭がぼんやりしてくる。

……やめだやめだやめだ。ぼうっとしながら勉強してもまったく身につかないし。何より出だしって一番大事でしょう？　仮眠をとって一旦リフレッシュしよう。たしか15分刻みで目を覚ますと、レム睡眠とノンレム睡眠がどうとかで、すっきり目覚められるとか、どっかで聞いたことあるし。大丈夫、おやすみなさい。

——そして、数学の大問3の（2）まで解いて、終了してしまった。ちなみに、引越しの準備は一切してない。

どうやらクズにつける薬は、志や夢ではなかったみたいだね。

あぁ、残り少ない貴重な1日だったのに。思い返してしばきたおしてやりたくなったよ、このおバカを。

5月末 夫に誤魔化しをきめる

私の記念すべき受験生生活1日目の勉強時間は1時間未満。そしてまったく引越しの準備もせず、夕食はレトルトカレーをそれっぽくアレンジしたカレードリアだ。そして、極めつきには、夫が帰ってくる22時くらいまでずっとネットサーフィンを楽しんでいた。

心理学とかやりたいし、やっぱ私は文科三類かなぁ。

理系でも心理学ができるし、理系に転換しちゃうのもありかもしれないねぇ。

ちょっぴり罪悪感があるから、一応東大にまつわるネットサーフィンしかしなかった。

でも、これは間違いなくただの現実逃避だ。

まぁ、でも最後の晩餐《ばんさん》って言葉もあるし、今日くらいいいよね。明日からがんばるし。そんなこんなで言い訳を考えていると、夫からラインが来た。

「今から帰るよ！」

このラインが来たということは、今から約30分前後で帰ってくる。さすがに今日の勉強量がどうだったとか、そんなことは聞いてこないだろうけど、引越し準備の進《しん》捗《ちょく》は目に見えるから絶対バレる。

ああっ！　あんなに譲歩してもらって、念願の受験生になれたのにこのままじゃ……呆《あき》れられるよね。

い、いそいで引越しの準備をがんばった感じを出さなくちゃ！　せっかくうまくまとまったのに、まーたケンカになって、権利をはく奪されるなんて絶対嫌だ。ああ、とりあえず、ええっと。本棚の本を段ボールに詰め込みまくって、ぱっと見やった感を出すか。それっそれっそれ。

「ただいま〜」

あっ！　夫が帰ってきた！　20分間、全力で引越し準備をしたからさすがに汗びっしょりだよ。

「ただっち、引越し準備ありがとうね！　カレーもつくってくれてあるし、なんかオレ、うれしいよ。ただっちが生まれ変わってくれたみたいでさ」

「う……うん」

なんていうか、あれだな、褒められると、自分のクソ味が体にしみわたたってつらい。明日は胸張ってがんばったって報告できるように、ちゃんと「未来の東大生」になろう。

受験生2日目

5月末

さて今日は東大受験生活2日目だ。昨日ほどはテンションが上がらないけど、やっぱり普段の2倍ほどは活力がある！　よし、夫を見送ってすぐさま取り掛かろう！

「夫くん、いってらっしゃ」

「ただっち、今日も勉強と引越し準備で大変だろうけど、がんばってね！」

うっ……そんな素敵な言葉をかけられると、昨日のクソみたいな自分を思い出して情けなくなっちゃうよ。だって今日「も」がんばる、じゃなくて今日「は」がんばる、なんだから。

「あ、それともう1点。もし晩ごはんつくる余裕がなければ、お惣菜《そうざい》でもいいからね」

つくる余裕がなかったら……か。今までつくる余裕があっても結構お惣菜出してたんだけどなぁ。ダメだったのか。まぁいいや。

さてと、夫も見送ったし、さっそく受験勉強、はじめますか！

なんか今になっていろいろ考えちゃうなぁ…
はぁ…
昨日は数学2問解くだけで精一杯だったけど本当はもっと量をこなさなきゃいけないんだよね
化学
物理
数学ⅡB
チンダル
ありおりはべり
ボイルシャルル
三角関数
不定詞
確率
二次関数
tanθ
cosθ
sinθ
イスラム
古文
力学
ベクトル
やることが多すぎる
…
そうだ
9時までは古典の勉強として「あさきゆめみし」の漫画でも読もっと
♪

そんな感じで、夕方までちんたら漫画を読み、ついに16時から本気で東大の過去問に取り掛かり、焦りながら19時ごろスーパーへお惣菜を買いに走り、20時にマッハで引越し準備をした。専業主婦が夕食にお惣菜を出すことが、悪いことだと思わない。でも、今回のお惣菜は完全に怠惰の結果だと認めざるを得ないね。

ちなみに、夫がはじめて「お惣菜」だと認識した「お惣菜」の感想は、「お惣菜なのに結構おいしいね」だった。何度も食べてきたくせにね。

そして、なんとか1年分の過去問を解き終えた。……こんな調子で何かと言い訳をしながらちんたら解いたせいで、1週間もかかっちゃったよ。

5月末

ビリギャルよりすごい

勉強のほかに家事と仕事があるとはいえ、このペースは受験生としてありえなすぎる遅さだ。予備校講師時代の私だったら絶対怒ってるやつだわ。自分はこんなザマなのに、よくも生徒に説教なんてできたなぁ。

でも、久しぶりにかなり頭を使って、本気で解ききった！　この1週間の中身は、すんごくすんごくクソだけど、なんだか大きなことを成し遂げたような、爽快な気分になった。よし！　採点するぞ！

どきどきする。

だって、これが絶望的に悪い点数だったら寝ずに勉強しても、半年じゃ合格なんて夢のまた夢だ。それに記述式だから、採点がすごく大変。昔高校生向けの記述模試の英語の採点のアルバイトをしてたから、英語に関してはそれなりの採点ができる。だけど他の科目はちょっと自信がない。

東大の学部に合格するには、センター試験で約9割とり、さらに二次試験で6割くらいの点数が必要だ。さてはて、私の点数は……多めに見積もって英語6割・国語5割・数学2割・世界史と地理2割。

お、おう。ダメだこりゃ。マーク式と違って、ふわっとした知識じゃ正解できない。偶然正解して点数を稼げる可能性もまったくない。……ていうか記述試験もこのザマだったら、センター試験9割も絶対無理じゃん。あはは、これで合格したらビリギャルさんの１００倍すごいわな。

そしてその夜、がっくりしながら、夫に採点結果を包み隠さず伝えた。

「そっかぁ。別に東大目指すのいつやめても、オレは何も思わないからね。やめたってただっちの価値が下がるわけでもないし。がんばろうとしただけでも、十分すごいし、えらいと思うよ。オレは」

がんばろうとしただけで、えらい、か。

私の東大受験の結果は、どぅるるるるるるるるる！　ぱっぱかぱ～ん！　参加賞！　ってなわけね。

5月31日　自分に期待できるように

半年で東大生になってやるー！

……そんな大口叩いといて、このザマか？　あきらめるのはすっごくダサいけど、別に悪いことじゃない。だって本来私には、「主婦」って役目があって「東大合格」はプラスアルファなんだから。

じゃあ私は、何が嫌で、何を恐れている？　いろいろ考えて、「絶対これしかない！」って決心した東大受験。自分の夢への道のりの、こんな序盤のちっちゃい穴に落っこちて、進むことをあきらめちゃったら。今後自分の中に、何も求めなくなるだろうし、自分に期待だってしなくなる。

でも、自分があきらめやすい人間だってレッテルを貼るなんてことは絶対したくない。全力で最後までがんばったけど、ダメでした！……それなら、べつに構わない。がんばったという勲章が、私の中で生き続けるんだ。よし、ダメでもいい。全力で最後までやってみよう。

モチベーションを上げるために、一度キャンパス見学でもしてみようか。そう思って、東大のホームページを見ていると、こんな情報がはいってきた。

〈東京大学大学院○○研究科入試説明会6月2日〉

えっ、夏の院試の説明会は、明後日がラストなんだ。しかも、ここなら興味がある

学問の研究ができる。大学院かぁ……。まぁ、学部希望だけど、とりあえず行ってお
こうかな。東京に行く口実もできるしね。
「夫くん、明後日東京に行ってきていいかな？　興味がある分野の研究科の院試説明
会があるみたいなんだ」
大阪から東京に行くには、そこそこお金がかかってしまう。こんなときは、一家の
大黒柱の許可が必要だ。
「いいよ。……でもオレも一緒に東大の説明会、行きたいな」
やったー。……でも、なぜ一緒に……？

東大でマジで恥かく1時間前

6月2日

夫も一緒に東大の説明会に？　配偶者同伴とか、彼氏同伴で東大大学院の説明会に
行くなんて、前代未聞じゃないか。

そんなこんなで、説明会の日になり、新幹線で東京へと向かった。夫がいてくれた

おかげで、迷わず東大の本郷キャンパスまで向かうことができた。

これが、テレビでよく見る、あの赤門かぁ。未来の私の母校なんだなぁ、なんて呑《のん》気《き》な感想が湧いてきた。

やっぱり日本一の大学（諸説あるけど）！　建物がすごい。自然がすごい。広い。何これ、国立公園か何か？　それから、知の集合体って感じがして、とってもワクワクする。

説明会までの時間つぶしに、安田講堂前で写真を撮ったり、お土産屋さん？　に行ったり、夫と一緒にキャンパスをうろうろした。今思えば受験生というより、完全に観光客って感じだったな。

そうこうしていると、あっという間に説明会の開場時間になった。会場に入って、空いた席を探していると、受験生たちからこんな声が聞こえてきた。

「研究計画書持ってきた？」

「当たり前だよ〜！　研究室説明会でゼミ生とか教授に診てもらえるかもしれないし！　まだ途中だけどね」

研究室説明会……？　ああ、そういえば説明会後に研究室個別説明会があるとか書いてあったなぁ。

研究計画書って、出願のときに一緒に提出するやつだよね？　えっ出願の2カ月前なのに、もう東大の教授に見せられるレベルに仕上がってるの……？

えっ、ちょっと待ってよ。個別説明会って、大事なアピールの場だったりする？　やばい、何も用意してない。私はすごく焦りだした。まだ受験するとか、何も考えてないのに。

そして約1時間後、思い出しただけで、あーっ！　って言いたくなるような、失態を犯すことになる。

知能レベルの違いに愕然とする

6月2日

説明会に来ていた学生たちは、研究室個別説明会に向けてしっかり準備をしてきたようだ。

私は、配布されたパンフレットを見ながら、必死に希望する研究室を探しまくった。

興味のある分野は、あらかじめ決まっていたから、該当する研究室を見つけるのはとてもたやすかった。

だけど、そもそも学問の基礎すら何も知らないから、何が研究したいとか、そういう大事なことはまったく思い浮かばなかった。

それからしばらくして、大学院入試説明会がはじまった。そこに出てくる学生たちは、

プロジェクターで現役の学生紹介があった。そこに出てくる学生たちは、気絶し気絶しちゃいそうなくらい高い志を持っていた。特にすごい人をピックアップしてたんだろうけど、やっぱり日本一の大学はすごい。世界の~とか、平和の~とか、普通の生活をしてきた私にとっては、ファンタジーみたいなワードがたくさん出てきた。

東大に行って、研究者になるなんて、顔から火が出そうなくらい高い志を持っちゃった!……なんて考えていたけど、東大院生たちは人間というスケールを超えて、国や社会、そして世界という単位で物事を考えているよう。私が突然同じことを言ったら、周囲の人からは面白くないギャグだと思われてしまうだろう。

それほどのことを、ガチで語ることができる東大って、本当、ものすごい環境だ……! 学生紹介を見て東大への気持ちがものすごく高まった。

それから、入試や学生生活など、具体的な説明があった。どうやら事前に希望する研究室には、自分からアポをとって研究室訪問をすることが望ましいらしい。それから、研究計画書に書く研究は、「研究の新規性」が必要とされるらしい。

研究の新規性って……そもそも先行研究を把握していないと、何が新しい研究なのかわからないじゃないか！　どんだけ大量の論文を読まなきゃいけないのだろうか……。

ああ、他の受験生たちがすでに研究計画書を教授に見せられるレベルにまで完成させてる理由がわかったよ。早めに行動しなくちゃ、まともな研究計画書にならない。

……やっぱり私には、大学院受験は厳しそうだ。

そして説明が終わると、別の場所で研究室個別説明会がはじまった。就職活動の合同説明会みたいに、狭い空間にたくさんのブースがぎゅうぎゅう詰め込まれているような感じだった。各教授や院生の前には、受験生の長蛇の列ができていた。

「ただっちは行かないの？」

「うーん、いやぁ、何も準備してないから聞きたいことが思い浮かばないし。そもそも受けるかどうか決めかねてるし」

「自分の研究の話はしなくても、パネルとかを見て質問したり、院生にどんな研究してるか質問してみたら？　せっかく関西から来たんだしさ」

「うん……」

正直めちゃクソ気が進まなかった。そもそも私はえげつないほど人見知りでコミュ障だし。行ってもどうせ挙動不審な奴って思われるに違いない。

「それに、研究者を目指すんでしょ？」

……は！　そうだった！

ここは、私の母校（仮）で、私は今、研究者になる道を歩みはじめているのだった！　人見知りだからってこんなところで、もじもじ蚊帳《かや》の外にいて一体なんになるんだよ！　行くぞ、行くぞ、私は行くぞ。当たって砕けろ！　飛んで火に入る夏の虫！

夫の一言で、思いっきりエキサイトしてしまった私は、なんの武器ももたずに戦場へと向かってしまったのであった。


あーめーん。

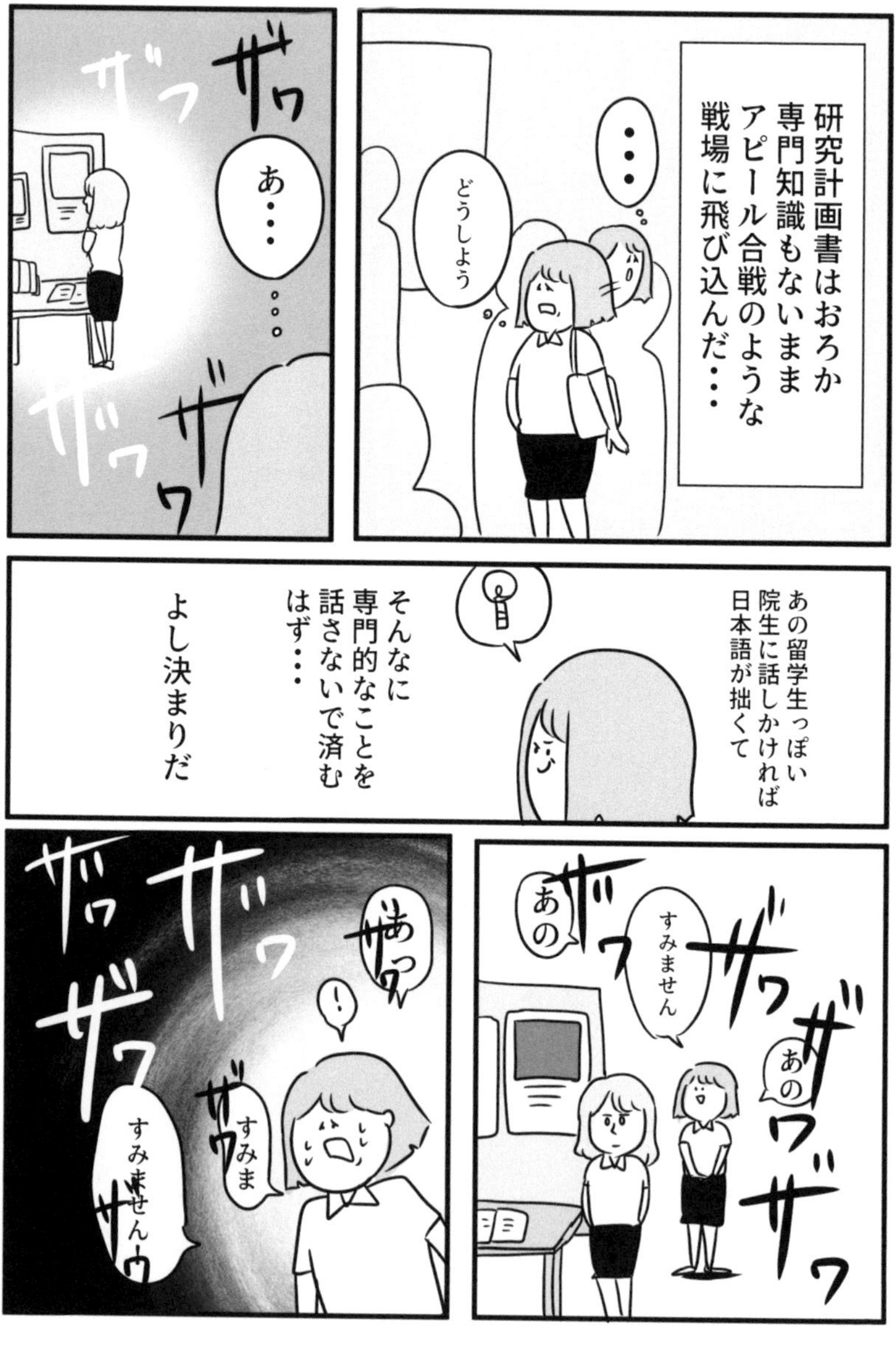
研究計画書はおろか
専門知識もないまま
アピール合戦のような
戦場に飛び込んだ…
…
どうしよう
ザワ
ザワ
あ…
ザワ
ザワ
あの留学生っぽい
院生に話しかければ
日本語が拙くて
そんなに
専門的なことを
話さないで済む
はず…
よし決まりだ
あの
すみません
ザワ
ザワ
あの
ザワ
ザワ
あっ
!
すみま
すみません
ザワ
ザワ

あの
ポン
すみませ
ハッ…
うわぁっ
びくりした！
あ
ごめんなさい…
そ…そんなにびっくりした？
いえいえ
こちらこそ気づかなくてごめんなさい
なんでも聞いてください
キラキラ
私も日本人と同じ試験を受けて入学したので

ありがとう
ございます
す… すごっ
人工知能みたいな
かしこさ…
キラーン
で
あなたは
何を研究したくて
ここにきたの?
ぎくっ
あの…
えと
ああ
メディアの
効果?
適当に
それっぽいこと
言っておこ…
お願い…
適当だから深く
突っ込まないで…
ぴーん!
…
なるほど

それって
○○を○○の理論で○○することに関係ありますか～？
えっ
はぁ
知らん
○○の論文は読みましたか？あれって○○が○○で○○なんですよね～～～
あぁ
名前すら知らね～
あ そうだ
今から先生とお話ししませんか？
ッ…
教授とお話しとか絶対無理～～～！
無理無理無理無理無理です絶対ほんといいです
え
あっ
私もう帰らなきゃ・・・

えっ
あの
?
ドロンッ
ビュン！
バン
やばやばやば
やばやばやば
やばやばやば
教授を紹介してくれようとしたのに逃走するなんて・・・
不審者だよ
お願いだから教授に私のことチクらないで・・・・
すたすたすた
そう願いながらちゃーくんの元へ帰っていった

8月院試への決意が固まる

6月2日

説明会が終わったあと、すぐに帰りの新幹線に乗った。東大の説明会で、やっぱり夢を持つのって素敵だなぁって思った反面、東大生との絡みで失態を犯したことを思い出しては「私にはレベルが高すぎる」「向いてない」なんていうマイナスの考えが浮かんでいた。

だって、才能があったならあの場で院生と楽しくお話ができて、当然喜んで教授とお話しするに決まってるじゃない。あれしきのことでチキってしまった私が、学問の道に進んでいけるわけがない。

「ただっち、今日の説明会すごくよかったね。ただっちのやりたいこと、ここでできるんじゃないの？」

「う、うん……まぁね」

やりたいことはたしかにできるかもしれないけど、気は進まない。

「とりあえずさ、8月の院試受けてみなよ」

え……うそでしょ。あんな黒歴史を製造しておいて……受験？

今日話した東大院生が、平均的な東大院生だとしたら――。知能指数が違いすぎて会話が成り立たなくない？　あんなＡＩみたいな人がたくさんいるってことでしょ？

ああ。無理無理。絶対無理だよ。

3カ月しか準備期間がないうえに、そもそも自分との差がひどすぎる。

「でもなぁ、基礎力がないからやっぱり学部からやりなおしたいっていうか……」

少し言い訳っぽいけど、本当のことだ。私だって時間をかけて基礎を積み上げて、グリーン先生みたいな、すごい大学院生になりたいんだ。

夫にもグリーン先生を見せてあげたかったよ。

「……でもさぁ、もし合格できたら、研究に必要な基礎力は足りてるって見なされたことになるでしょ？　ほら、ちゃんと口頭試問もあるし、研究計画とかもつくるんでしょ？　それで合格したら、東大の大学院生になる最低基準は満たしてるってことだよ」

「で、でも……どちらかというと学部のほうに力を入れたいし……」

「だって今から3カ月でしょ？　本気でがんばって院試を受けてから、学部のことどうするか考えてもいいいんじゃない？」

うーん、たしかにそれだと、W合格もありえるのかな……まぁ、そんなのありえないけど。

「少しでも面白そうと思ったなら、挑戦したほうがいいんじゃない？　スタートが遅くて厳しいかもしれないけどさ、せっかくチャンスだし」

たしかに基礎がどうとか、グダグダ言うより東大に入って、研究者になれる可能性のある流れに乗れるなら、思いっきりそれに向かって努力するほうがいいかもしれない。夢を叶えるチャンスだもの。

今日感じたすさまじい場違い感がずうっと心に残り続けているけど——学部のことは一旦置いておいて、3カ月間全力でがんばってみようかなぁ。

……となると、早いうちにもう一度東大に行く必要がある。個人的に入りたい研究室の教授にアポをとって、研究室に赴き、自分のやりたい研究の話を教授に聞いてもらわなきゃいけない。俗にいう研究室訪問とかいうやつだ。

大丈夫かな？　学生と絡んだだけで、あんなにも場違い感があったのに。

教授ってことは学生の1000倍強いってことだよね。

ああ、不安だ、こわい。でも、やってみなくちゃわからない。

きちんと受験をしてその結果落ちるのか、合格するのか。場違いだと気づいたり、勉強のやる気が続かなかったり、家事や仕事と両立できなかったり、いろんな理由で途中で受験をやめてしまうのか。またダラダラ生活のクソっちに戻って、もはや人間やめてしまうのか。

このときはこの先自分がどうなるのかまったく見当もつかなかった。

第4章

神頼みに走る
おかしい主婦

大学院入試に向けて走り出す

6月3日～

実際に東大に赴き、黒歴史を製造しながらも、3カ月後にある東京大学の大学院の入試に挑戦することを決心した。がんばれば合格できそうなのか、はたまたカスリもしなさそうなのか、なんにもわからない。

だけど、実際に説明会に行ってみて東大生たちの志の高さや、研究のための最高の環境に魅力を感じたのはたしかだ。だから、グダグダ言わずに挑戦することに決めた。

さて、私が3カ月間でやらなきゃいけないこと、それは――

①研究室訪問
②専門科目・語学の試験対策
③研究計画書完成・提出書類作成（1～2万字）
④筆記試験
⑤口頭試問（自分の研究に関するプレゼン有）

ざっくり言うとそんな感じ。

さらに約1カ月後の出願の締め切りまでに、仕事と家事と引越し準備をしながら研究テーマを決め、その分野の基礎を学び、先行研究を読み漁《あさ》り、院試で一番大切な研究計画書を完成させ……。圧倒的に時間が足りないし、しかも研究計画書なんか一度も書いたことないからものすごく不安だ。

だけどどうやら、出願前の研究室訪問で運が良ければ教授に研究計画書を見てもらえて、さらにアドバイスをもらえるそうだ！

研究室訪問は必須《ひっす》ではないらしいけど、ネットの情報によると、研究室訪問をしなかった場合、入試の面接のときに「えっ、この人誰！」ってな感じで、よほど優秀でない限り不合格にしちゃうって人も時々いるそうだ。

たしかに、2年間みっちり指導する生徒なんだからそうなってもおかしくはない。訪問時におかしな行動をとって、変な人だと判定されるよりかは行かないほうがマシだって、本屋さんで買った院試マニュアルに書いてあったことがすごく気がかりだけど、勇気を出して研究室訪問とやらをやってみることにした。

さて！　アポをとろうか！

いいなって思った研究室はいくつかあるけど、この前粗相しちゃったグリーン先生の研究室は念のためにやめておこう。

とりあえず、教授の著書や論文を見て、一番興味があった教授に連絡してみることにした。教授のホームページにメールアドレスが載っていたから、不躾《ぶしつけ》かもしれないけどそこに直接メールを送ってみることにした。

よし、送信っと。

——送信して約2分くらいで返事が来た。仕事のできる人は、メールの返事が早いってどこかで聞いたけど、それは本当らしい。さっそく断られていたらどうしよう、とかありもしない被害妄想をしながら恐る恐るメールを開封した。

「それでは、○日か○日はどうでしょうか?」

……えっ、○日か○日って……もうすぐじゃん！

ちょっと待って、ちょっと待って。あと1週間で、研究テーマを選定し、分野の基礎を学び、先行研究を読み漁り、教授に見せられるレベルの研究計画書（A4用紙2枚程度）を完成させる……？

おいおい、間に合うのかな。準備不足の状態で訪問して、教授におかしい人が来たって思われたらどうしよう。

とりあえず、遅いほうの日程を選んでおいたけど、1日や2日引き延ばしたところで、何かが変わるとは到底思えない。

6月某日

オカルトで脳をアジャスト

ついに東京大学の教授と会う約束を取りつけてしまった。ああ、冷静に考えるとすごい。ちょっと前までただの主婦だったのに、日本一の大学の教授と、学問の話をするためにアポをとるなんて！

……果たして、こんな凡人の私と会話が成り立つのであろうか？　ああ、想像するだけで震えが止まらない！　私の中の五臓六腑《ごぞうろっぷ》が縮み上がる！

そんなこんなで、アポをとってからいてもたってもいられなくて、約30分くらい興奮状態で部屋の中を暴れまわった。ああ、落ち着かない。冷静に状況を整理しよう。研究室訪問まで約1週間。出願まで約1カ月。一次試験まで3カ月。やばい。

とにかく今は、専門試験のことはさておき、教授に見せてもＯＫなレベルの研究計画書をつくらないと話にならない！　しかし、いつものように――あ〜あ！　だるいから、3時から本気だぞ〜！……なんて調子では、絶対落ちてしまう。一次試験すら不合格だよ。

基礎知識がないから、早朝からガッツリ勉強したとしても厳しいだろう。頭を打って天才になるとか、そんな劇的な変化が起こらない限り。……ああ、そうか！　それが答えだ！　根本的に自分の性質を変え、脳科学的に効率の良い方法で、みっちり勉強すればワンチャンあるんじゃない？

私はこれまで、何度も自分を変えたいって思う瞬間があった。そんなときは、引き寄せの法則だとか、成功哲学だとか、自己暗示だとか、運が良くなる習慣だとか、ありとあらゆるメンタル系の本を読んだ。

でも、なんだかんだ途中で飽きちゃったり、効果が実感できなかったりで、三日坊主でやめちゃうことがほとんどだった。でも今こそ、3カ月間本気で実践してみるべきじゃない？

そんなのオカルトじゃん！　っていう人もいるかもしれないけど、成功することが当たり前だと思い込むことは、脳のパフォーマンスを上げるための最高の方法なんだ。なんかの脳科学の本で読んだけど、くよくよ悩んだり、不安になったりしていると、脳のエネルギー消費量が高くて、すぐに疲れてしまうらしい。最後までがんばって、失敗してから好きなだけ、思う存分くよくよすればいいんだ。

よし、私は合格する。頭がいいし、努力ができるし、継続できるし、研究者に向いてるし。なんでもかんでも器用にできる、特別な人間なの。ただの主婦が東大受験するなんて、身の程知らず？　いやいや、身の丈にあった大学院ですから。

そんなふうに自分を「洗脳」して、受験に挑むことにした。

隠れスピリタンの誓い

6月某日

ネットでいろいろ調べて、東大受験に必要な書籍や研究計画書を作成するための参考文献、論文や専門科目対策の参考書、それから英語試験対策の問題集を集めた。

今の最優先事項は、研究計画書づくり。やりたい研究にまつわる文献を、読みはじめてすぐは楽しかった。最初は基礎的な内容だったから。だけど、高度な内容になると進みがグン！　遅くなる。

確実に文字を読んでいるのに、内容がまったく頭に入らない。何度も何度も読み返して、やっとわかるレベルだ。なかなか、先は長い。

机の上に積み上げていた書籍の山を見て夫は……。


「うわぁ、多いね」


そう言って引いていた。うん、たしかに多い。あまり意識はしていなかったけど、夫に多いと言われて改めて怯《ひる》んでしまった……。ワクワク感と萎《な》え萎え感の波が私の中で激しく上下する。

ダメだダメだ。これぞ脳内のゴミクズ。ダメ人間を量産する悪《あ》しき芽。私には時間がないんだから、弱気になってぼ～っと読んだり、何度も何度も読み返して時間を無駄にするなんてことは、あってはならない。

モチベーションを保ち続けるために、朝と夜に自分の実現したい夢と10年後までの展望（妄想）をノートに書き綴《つづ》っていたけど、それじゃあ足りないくらいウッと思ってしまった。こうなってはもうアレしかない。スピ活だ。

「夫くん、私、今から気分転換に近所の神社に行ってくるね」

「じ……神社……？」

1人で行こうと思っていたけど、なぜか夫もついて来た。私はあまり神とかそういうのは、信じるタイプではない。だけど、しっかり二礼二拍手一礼をして、心の中で意気込みを神に語った。

決して、神に救いを求めたり、都合よくどうにかしてくれって頼んだりはしない。ただ、頭の中で今後の努力を誓うだけ、それが大事なポイントだ。本当はどうだか知らないけど。

これで何かが具体的に変わるってわけではないけど、なんとなく身が引き締まった気持ちになって、やる気が高まった！……気がした。

こういう〝非日常的な〟モーションは、気持ちを切り替えるためのスイッチになったりするんだって。本当に効果がある気がする。頭のゴミを捨てる習慣とともに、願掛けモーションも毎日取り入れようかしら。

「これから毎朝目標と夢をノートに書きこんでから。努力し続けるって願をかけるために、毎日こうしてお参りしよかなぁ」

「まぁ、好きにすればいいけど……。なんかただっち、これじゃあまるで熱心な宗教家だね。オレだったらその時間を使って、本を1冊読むかなぁ」

あっ……。

夫の表情を見るとよくわかるよ。私のこの一連のスピ活を見て、めちゃくちゃクソ引いている。スピリチュアルにどっぷりハマってるわけじゃないけど、説明してもなんだか、言い訳っぽく聞こえそう。今後は夫に隠れてスピリチュアル行動をしよう。そう、私は今日から隠れスピリチュアリスト、いやスピリチュアラー？　スピリチュアリー？

そう心に誓った日だった。

私が隠れスピリタンになったせいで、夫に余計に心配かけてしまったのは、もう少し先の話だ

能力で勝てないなら個性で勝負？

6月某日

教授との面談まで1週間を切った。もともとは昼寝三昧《ざんまい》・グータラ主婦だったけれど——ここ数日間は、朝から全力で1日分の家事と、引越しの準備を済ますことができた。

それは、少しでも多く勉強時間を増やしたいっていう、いかにも受験生らしい、強い気持ちがあったから……というのも理由の1つだ。だけど、実際ここまでモチベーションを保てるのは、毎朝・毎晩の引き寄せノートのおかげだと思う。

受験を終えた今もなお、この習慣は続けているけれど、これは単純な目標達成だけが目的ではない。1回きりしかない人生を、ぼうっと過ごさないためにもすっごく大事なんだ。そのための最も重要な作業なんだ。

あくまで自己流だけど、とにかくノートに自分の絶対に叶えたい願望を、叶うことが当たり前というより、もう実現したかのような気持ちで箇条書きをする。そして絶対叶えたいことに加えて、やってみたい・やりたいと思うことも、全部全部、惜しみなく書く！

　実現可能性は何も考えなくてもいい。思うがままに、やりたい放題！　子どもの貧困問題や、難民問題の解決、大学院で総長賞、毎シーズンの海外旅行、マイホーム？　タワーマンション？

　……とにかく、もうなんでもいいから、全部書くことが大切だ。

　やってみたことがない人は、一度やってみてほしい。はじめは、なんだかなぁ……って思うかもしれないけど、書いてるうちにワクワク・ドキドキしてくるんだ！　私の人生、これからじゃん！　ってね。

　書かなくても、自分のやりたいことくらい、自分でわかってるよって人も、もちろんいると思う。でも、自分の頭の中にしかないものを、ちゃんと言語化してあげて、紙に書いてあげることってすごく大事だと思うんだ。

　もちろん毎日内容は変わっていくけど毎日書いていくうちに、やってみたいことが絶対に実現したいことに変わったりして。自分の人生における目標が明確になってくる。そして願望が叶ったときの楽しい妄想が膨らんで膨らんで、明るい気持ちになり、やる気がみるみる湧いてくる。

私はこんな調子で、毎朝・毎晩自分のやる気に超ブーストをかけることができた。

そんなこんなで2日間で3冊研究に関する書籍を精読した。3冊も読むと、さすがに全体像が見えてきて、研究計画書を完成させるイメージが膨らんできた。

それから自分のやりたい研究の先行研究を調べはじめたんだけど――私が思いつくような研究は、すでに研究されているものばかりだった。むしろ研究されていない研究を見つけるほうが結構難しい。

よく考えれば当たり前だ。世界にはものすごい数の大学があって、ものすごい数の研究者や、大学院生がいる。既存の研究内容をまとめたり、検証するのも立派な研究だそうだけど……東大の説明会では研究の新規性を求めてるって言っていた。

どうしよう、誰もやってない研究だと……、奇天烈な研究しか思いつかない。

また「股のぞきの効果」とか、ノーベル賞じゃなくてイグノーベル賞の対象になるようなやつ。

でも……いっそのこと個性派で勝負をしたほうが、合格できるんじゃないか？　そんなことを考えてしまった。

おかしい人になろう

6月某日

なんの実績もない人が、東大の大学院入試の研究計画書で奇をてらうのってどうなんだろう。

そもそもただの主婦が人生についていろいろ考えて、その結果、東大に行って研究者になりまーす！（基礎知識何もなし）……って突然言い出す時点で、すでにおかしい。

どのみちおかしい経緯《いきさつ》なんだから、思い切って個性的な研究で勝負してもいいかもしれない。

入試で戦うであろう東大生たちや、外部の大学生でもストレートで東大大学院を受けちゃうような人たちはきっと、生まれてからずっと真面目《まじめ》に勉強してきた人たちだ。

私を含め普通の人は、受験とか定期試験とかそんなイベントがあるときに思いっきり勉強するけれど、東大生や難関大合格者はそんなイベントがないときもずっと勉強しているらしい。だから勉強時間を通算すると私の数十倍くらいになるんじゃないかなぁ。

東大の教授に見てもらう研究計画書なんだから、現役東大生に負けない立派なものにしようと思って、無理にインテリ感漂う物をつくろうとしてたけど、ずっと勉強してきて多角的な視点から物事を見られるほど知識がある彼らと、背伸びをして戦ったとしてもボロが出るだろう。

そんな彼らに私が唯一勝てそうなこと、それは多分発想力だ。なんでかわからないけど、私の頭の中はいつもいつも忙しい。休憩してても、寝ようとしても、ぼーっとしてても、次から次へと考えが頭に浮かんできて、まったく落ち着かない。もしかしたら、この無駄な特技をうまく使えば大きな武器になる……？

東大受験を決めてから私はずっと自分が意識が高い人なのか、単にやばい人なのか、どちらかわからなくて常にそのハザマでプルプルしていた。

でも……そんなこと悩んでも仕方ない。それは受験が終わってから俯瞰《ふかん》して決めることだ。よし、決めた。無理に知的ぶって受験をするのはやめて、１００％の自分を東大教授に見せつけよう！　１００％自分が面白いと思う研究計画書を見せつけてやる！　それ、飛びこもう！

そうして私は思い切った研究計画書を研究室訪問に持って行くことに決めた。

……念のため、夫に研究テーマのアウトラインを見せてみた。

「……どうかな？」

「……うわぁ。**おかしい人**だと思われて、即きられるか、個性的な人が欲しくて高評価を得るか……二択しかなさそうだね」

6月28日　ただの主婦、東大教授に会いに行く

今日は研究室訪問のために東京大学へ行く日だ！

このとき明るめの茶髪だったから、念のために毛染めスプレーで黒染めをして行くことにした。昔バイトの面接に行くときも毛染めスプレーを使ったけど……汗をかくと額から黒い汁が垂れてくるんだよね。

黒い汁を垂れ流しながらしゃべる女だなんて、ちょっと妖怪《ようかい》みたいだけど、まぁ今

はまだ涼しいから大丈夫かな。そう思いながら、新大阪駅から、東京行きの新幹線に飛び乗った。

大阪から東京まで約3時間……。よし、念のために一般的な研究室訪問のマナーを調べ尽くしておこう。

何々？　マナーに厳しい教授が一定数いて、マナー違反を少しでもすると怒鳴ったり、不機嫌になったりする人もいる？　メールに「お世話になっております」って書いただけで怒る？

……えっ、何それこわい。

マナー教室の先生なのか？　就活だと思って、気を引き締めておかないと、痛い目にあいそうだ。

それから難しい言葉を無理に使うと印象が悪くなるらしい。たしかに無理して、アウフヘーベンとか、ワイズスペンディングとか（笑）、偉くもない人がカタカナ語を使いまくる様は、東大教授のようないわば賢者からすると不快指数がかなり高いでしょうね。

また、学生に聞けばわかるレベルの質問は失礼にあたり……教授の専門分野について質問するのは、知識の浅さを露呈することになりがちだから、「避けるほうがgood☆」だってさ。

……は？　だいたいのことは学生に聞けばわかりそうだし、教授の専門分野の質問は避けたほうがいいって、じゃあ何を聞けばいいんだよ。お会いする教授の情報は特になかったけど、調べれば調べるほど教授に理不尽にキレられたという恐ろしいエピソードがわんさか出てくる。

なんか……私の知ってる和気あいあいとした教授たちと全然違う。私が学部生のころは、教授とカフェに行って、みんなで女子トークとかしてたのに。

ああ、どうしよう、地雷まみれの教授だったらこわいなぁ。ああ、額から黒い汁が噴出される！

東京の路線図に圧倒されながらも、なんとか東大の最寄駅の本郷三丁目に到着した。東京駅から6分で到着するはずなのに1時間もかかってしまった。念のために4時間前に着くように計画しててよかった。

さて・・・
約束の時間だ
ノックは3回だよね？
〇〇研
プルプルプルプ
大丈夫大丈夫
ここで点数稼ぐ
必要はないんだ
トントントン
おかしい人だと
思われなければ
万々歳なんだから
ハーイ…
ガチャ…
バタンッ
しっ
しっつれいしますっ
15時から
訪問予定の
ただっちです！

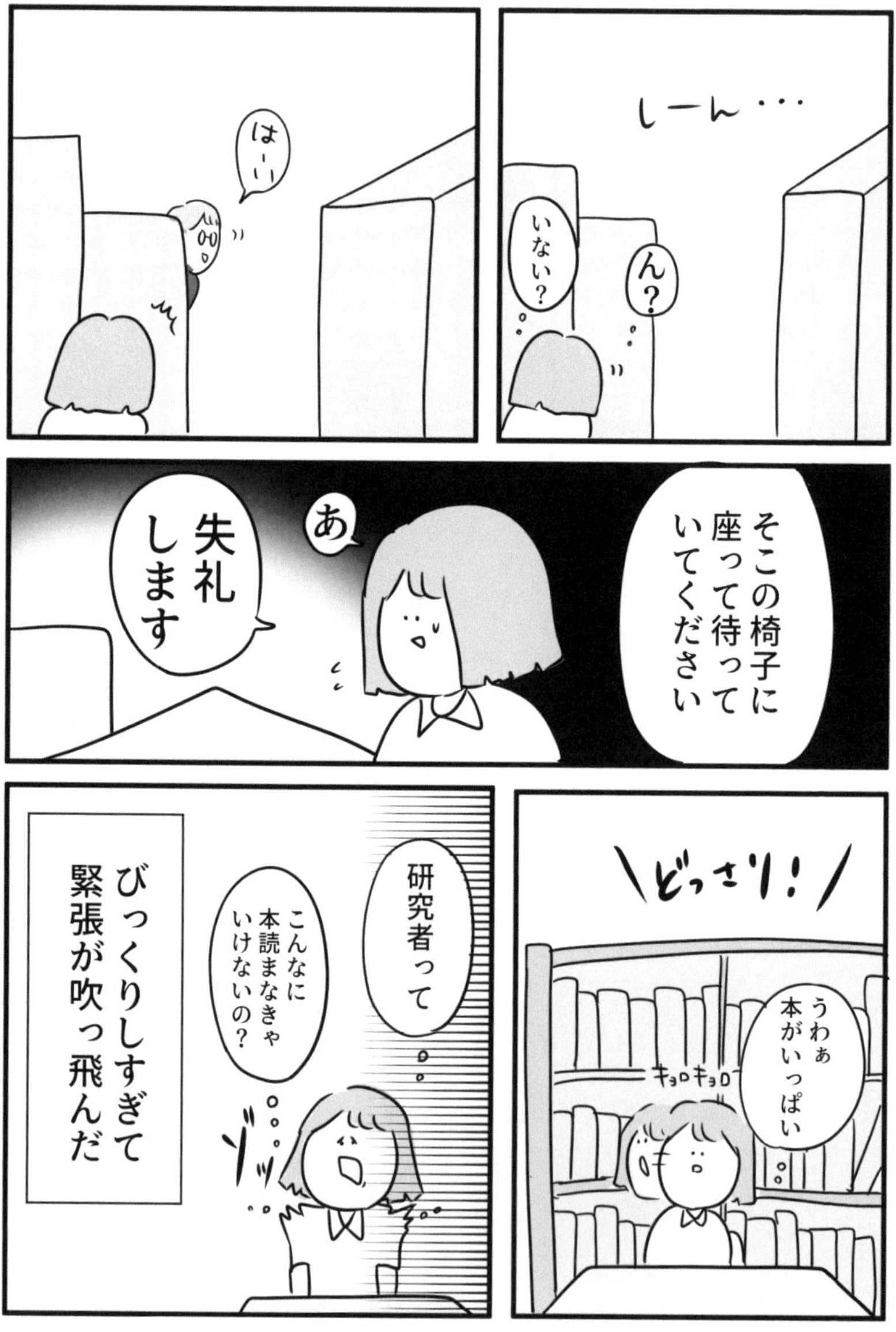
しーん…
ん？
いない？
はーい
そこの椅子に座って待っていてください
あ
失礼します
どっさり！
うわぁ本がいっぱい
キョロキョロ
研究者って
こんなに本読まなきゃいけないの？
びっくりしすぎて緊張が吹っ飛んだ

そしてついに教授が目の前にやって来た！

「わざわざ関西から来てくれたのかな？　はい、では自己紹介お願いします」

教授のしゃべるスピードがびっくりするほど速い。早送りかな？　私も教授に合わせて、いつもよりちょっと早口で話そう。

「○○大学の英文学科卒で卒業後は予備校で社員をして、現在は主婦をしながら、フリーランスとして漫画やイラストを描いたりしています」

普段ゆっくり話をする私にとっては、激流に流されているようなおしゃべりスピードだ。

今の仕事内容についてすごく興味を持ってもらえたけど、さすがに「セフレの漫画を描いています」とか言えなかったから、無難に書籍の挿絵の仕事の話をした。

普段家に引きこもってて、基本発声しないから、研究室訪問開始約10分でもうすでに喉《のど》が痛い。

「で、大学どこだっけ？」

「○○大学です」

さ、さっき言ったような気がするけど。……どこ大出身なのかって、そんな大事な情報なのか？

「○大？　へぇ〜」

……どういう意味の「へぇ」なのかな？


私の出身大学は、一体「何へぇ」ですか？


そんなこんなで、私の出身大学の話は特に広がりを見せず、研究計画書を見せるように言われた。5行しか書いていない研究計画書。

「うんうん、なるほどー。この研究なら、問題なく指導可能ですね」

ほっ。よかった。5行しか書いてないことも特に突っ込まれずに済んだし、反応は悪くなさそうだ。

「ところで、他の大学院も受けていますか？」

「いや、まだその予定はないです」

「だったらね、**慶應や一橋大学も受けておくといい**と思いますよ。どこで研究をしても、たいして変わりはありませんからね」

えっと、それって……不合格フラグ？

不合格フラグ？

6月28日

一橋や慶應？　別の大学の併願も勧めてくるってことは、もしかして、私に合格は無理だって、暗に示している系⁉　いやまさか、こんな短時間で不合格って決めつけるわけがないよね。

いやでも、この5行しか書いてない研究計画書でドン引きされたのかもしれないし、教授にまで上りつめた人なんだから頭の中はどうなってるかわからない！

それに、すごく上品で紳士っぽい人だから言いにくいことを暗に示す傾向があるのかもしれない。もし本当に、これが不合格フラグだったら、この研究室は第一志望にしないほうがいいだろう。

よし、探りを入れよう！

「が、学生さんってやっぱり同時に別の大学院も受験されることが多いのですか？」

「まぁ、東大外部の人はそのケースが多いですね。行くところがなくなると困るしね。まあ東大にこだわって、何度も受験する人もいますがね。語学や書類ではほとんど差がつかないので、基本的に一次試験の専門科目の点数が重要になってくるのですが、範囲が広いわりに問題数が少ないので、**問題次第で実力がなくても合格してしまう人**もいれば、ものすごく優秀なのに不合格になる人もたくさんいます。そういう意味でね、複数校受験しておくほうがいいのですよ」

なるほど……ある意味運も必要ってことなんだろうなぁ。よかった、私には無理だっていう暗示ではなかったようだ。

「では一次試験の合否はほとんど筆記試験で決まるってことですか？」

「完全ではないですけど、そうですねぇ。ボーダーラインを超えた人の中で上位から入学定員数＋αを一次試験合格者にして、二次試験の口頭試問では、まぁ大半が合格になるのですが、極度に研究能力がなさそうだったり、あとは……」

「あ……あとは？」

「おかしい人を……落としたりね」

な、なんだろう、この感じ。何か含みがありそうな言い方。相手が東大教授だから、私が考えすぎている？

私の思う「おかしい人」って面接中に発狂したり、唐突に走り回ったり……だけど、一次試験を突破した人たちなんだから、そんなことするはずないんだよな。誰もが「おかしい人」だと認定される可能性があるものだと思ったほうがいいだろう。

客観的に見て、自分が「おかしい人」である自覚があったから、思わずこんなふうに返答してしまった。

「おかしい人にならないように、がんばります！」

今思うと、このセリフがすでにおかしい人っぽいや。

学歴ロンダリング目的だと落とされる！

6月28日

なんだよ、おかしい人にならないようにがんばりますって。自分がおかしい人って少し自覚があったせいで、おかしい人前提のコメントをしてしまった。東大教授さんよ、変なこと言ってごめんなさい。

「……あはは、あなた面白いね」

お、面白いって？ Funny なの？ Interesting なの？ 面白おかしいだったら、もうOUTじゃん！ 何かフォロー入れなくっちゃ。

「人前で話すのが苦手で、スラスラ専門的な質問にうまく答えられるかものすごく心配なんです……」

「大丈夫ですよ。研究するのに話のうまさは関係ありません。詰まりながらでも、きちんと質問に答えてくれるのであればいいですし。学部卒レベルでつくった研究計画に粗があるのは、当たり前のことです。どうせ入学してから最大、1年かけて研究計画書をつくりなおすことになりますから、心配する必要はありません。それよりも、自分の努力や研究を社会にどう還元するのか。……それが一番のポイントです」

あ……そうなんだ。てっきり合格者はものすごい完成度の計画書をつくってるのかと思っていた。

「そして、一番ダメなのはいい会社に就職したいという理由で東大の大学院に入学することですね。あくまでここは研究する場所なので。そういった気持ちが、面接で透けて見えてしまうとダメですね」

なるほど。他大学出身の人はそういう目で見られるものなのかもしれない。

「学歴ロンダリング」という言葉が広く知れ渡ってるくらいだからね。内部生以上に研究と社会貢献への熱い想いをぶつけないといけないのか。大変だ。私は今の仕事と研究を絡めて志望動機を言えるから簡単に説明できる。……だけど、大学生だと大変そうだ。

そのあとは、ゆるっと楽しく雑談をした。教授とのお話がすごく楽しくって、興味深くて、やっぱりこの教授のもとで研究がしたいと思った。この部屋を去る前に、熱い気持ちを教授に伝えておこう。

「本日はお忙しいところ、本当にありがとうございました。教授のもとで勉強したいって気持ちがすごく強くなりました！」

興奮しながら教授に感謝の気持ちと熱意を伝えた。すると——

「はいはい。まぁ、受かったらね」

あっ……、ですよね。興奮で膨らんだ気持ちが、ぷしゅーってしぼんでった。

過保護で過干渉

6月29日〜


東大へ研究室訪問に行った次の日、私はめちゃくちゃ疲弊していた。しかも来週は、東京への引越し作業もある。

「ただっち、疲れてるなら今日はゆっくり休みなよ」

ああ、そうしたいところなんだけど、私には時間がないんだ。

来週は引越し予定日で、再来週は願書出願で、それから1カ月後東大で

ＴＯＥＦＬ受験で、さらに次の週に一次試験で、そこで合格すれば口頭試問で……。この２週間は、仕事や勉強を一旦控えて引越しと提出書類作成に集中したほうが良さそうだ。

そんな感じですぐに湧き出る自分の中の怠け者を抑え込みながら数日を過ごした。そして引越しの日がかなり近づいてきたとき、母から電話がかかってきた。なんだろう。

「もしもし、お母さん、引越し？　今週だけど」

一体なんの用だろう。

「引越し準備大変でしょ？　夫くんもぎりぎりまで仕事だろうし。だから……明日荷造り手伝いに行くね」

翌日、お母さんはやって来るなり、ハァ〜ッと大きなため息をついた。

「なんでそんなに先の見通しが甘いの？　あんた今まで一体何してたの？　引越しなめてたでしょ！　掃除も大変なのに。換気扇の掃除なんてとっても大変なんだから！」

あっ……なつかしいな、この感じ。

結局母親と妹がうちの引越し作業を手伝ってくれることになった。ああ、受験用の道具、どこに隠そう。

「全然終わってないじゃん！」

「排水溝もっとこまめに掃除してたらこんなことには……」

「うわぁ、エアコンのフィルターもやってない」

引越し作業の手伝いのためにうちに来た母と妹から、小言が漏れ出す。いろいろ怒られたけど、片付けが得意な母と妹のおかげでものすごく準備が進んだ。親が来るせいで、受験の計画が崩れちゃう、なんて思って焦ってしまったけど、お母さんと妹がきてくれなかったらもっと大変だったろうな。

頼りになる家族がいてくれてよかったよ。

もちろん東大受験のことがバレないように、書類や本はしっかり隠しておいた。

でも……。

あ
お姉ちゃんの本棚に妊活の本が置いてある！
！
あら❤
へぇ～
まぁ
いずれはするからね…
私もそのうち
おばちゃんになるのかぁ～
キラキラ…
じゃあ私はおばあちゃん
まだだからって強めに言おうと思ったけど
はぁ…
こんな話を思い出した
おじいちゃん最近元気がないのよね～

おじいちゃん ただっちの結婚式 はしゃいでたでしょ?
こっち むいてー
はぁ…
楽しみが なくなった せいなのかな
それから 元気ないんだ
病気の治療も つらそうだし
ポケーッ
老人性のうつ なのかも しれないけど
ひ孫ができたら 楽しみが増えて きっと元気に なるよね
孫の顔を見せて あげたいけど… 自分の人生も 楽しみたい… だからやっぱり
ごめん お母さん
赤ちゃんは まだまだ先だよ

夫の本性

7月2日〜

引越し予定日2日前&東大出願締め切り約1週間前。

助っ人のおかげで、もうひとがんばりで引越し準備が終わりそうだ。夫も転勤のための休暇に入ったからがっつり荷造り作業ができるし、超余裕！……と言いたいところだけど。

「夫くん、そろそろ準備はじめようか」

「え〜っ、やっぱあと1時間寝る」

夫は、えげつないほどちんたら、グータラしていた。

あーあ！　いつも私に向かってスーパー上から目線で、口うるさくあれこれ言ってくるのにねぇ。引越しが目前に迫ってきてるのに、この体たらく。

自分だって私と同じ性格じゃん。私へのイラつきは、同族嫌悪から起因するものだったのかな？

作業をなかなかはじめない夫を見て、イラつくどころか親しみを感じる！

生あたたかい笑顔で、夫のだらける姿を見守りつつ作業と研究計画書を交互に進めた。

その結果、引越し当日の朝6時までぶっ通しで残りの作業をして、なんとか間に合った。


そして東京へ移動し、新居の掃除や手続き、挨拶《あいさつ》回《まわ》りもろもろやることがあって、落ち着いた頃には願書出願締め切りは残り1週間を切ってしまった。研究計画書の進捗は約半分ほど。

8000字以上書かなきゃいけない志望理由書は、構成はできているとはいえど、まだ2000字くらいしか書けてない。

自己推薦書、入学願書、それらはマジでまだ何も書いてない。正直間に合う気がしない。

「え……？　1つも終わってないの？　も〜、ただっちは見通しが甘いんだから」

……見通しが甘い、つい最近誰かにも言われた気がするよ。はは、ぐうの音も出ないや。

でもね、どうしても自分史上最高のものをつくり上げたかったんだ。特別な夢を追いかけてるんだから、適当にこなすなんて絶対嫌だった。

ハードな日々と睡眠不足の代償

7月5日

引越し作業や新居の準備でなかなか作業が進まなくて、東大の願書出願締め切りまで1週間を切ってしまった。なんとか間に合わそうと家事と睡眠の時間以外はずーっと作業作業作業作業。

どんなにサボりたがりの私でも、デッドラインが迫ればおケツに火がつく。6000字以上を1日で書き上げることもできた。

私は作業スピードが速い代わりに、誤字脱字がものすごく多い。だから不安すぎて、提出する書類はすべて1文字1文字ペンで丸を打ちながら間違いがないかどうか5回ずつくらいチェックした。

自己推薦書はまぁ、すぐになんとかなるけど問題は研究計画書だ。東大生と勝負して筆記試験で圧倒的な点数をとるのは正直厳しいだろう。だから私は、研究計画書を圧倒的に面白く、クオリティの高いものにしなくちゃいけない。そんなプレッシャーがあった。

日中にはなぜかアイデアは浮かばない。なのに、ほぼ毎日、夜布団に入るやいなや、頭から次々と、アイデアやイイ感じの言い回しがポンポン浮かぶ。そのたびに、スマホに思いついたことをメモしていた。

朝の5時くらいまで夫にバレないようにスマホで研究計画書の文章を書いたり、アイデアを箇条書きにしたり、そして7時に夫と一緒に起きて、朝ごはんの用意をして……。

それでも時間が惜しくて、昼寝は一切しなかった。

それが数日続くと、**頭がふわふわ、クラクラ、目がぐるぐる。**

大丈夫大丈夫。

あと2、3日くらいユンケル飲んで乗り切ればいいさ。ユンケルは、ものっすごく効き目があった。飲んだらすぐに体の奥から熱いエネルギーがウワァッ！　って湧いてくる。

……ただ、めまいにはまったく効かない。

だからPCの画面がぶらぶら振り子運動してるような、そんな感じの状態で作業をし続けた。

そして、願書締め切り1日前（当日消印有効）、ついに研究計画書が完成した。自分の研究計画書が、本当に東大レベルに達しているのかまったくわからないけれど自分史上最高に力を注いで良くも悪くも読み物として面白い感じの研究計画書になった。

うん、自分的にはすごく満足だ。

ふぅ・・・
あとは願書と自己推薦書をつくって出すだけ
研究計画書
はっ!
フラッ
出願締め切り明日だし・・・
フラ～
フラ～
東京の郵便局は夜12時まで空いてるだろうし
4時間くらい仮眠とろう
がー!・・
ぐー・・
ぐー・・
ぐー・・・

ぐーぐーぐー
ぐーぐーぐー
はっ…
あれ…?
体が…
ガタガタガタガタッ
え…?
…
ぞっ…
なに…?
今の…痙攣?

すぐに止まったから
よかったけど・・・
もしかして
私、過労死
しかけてる？
ゾッ…
死ぬ気で受験
頑張ろうと
思ったけど
ビュンッ
寝室
本当に死ぬのは
絶対イヤだ
とりあえず
今日はあきらめて
寝よう・・・
スヤッ
明日締め切り
なのにまだ
出してないって
やばいって
なんか面倒くさいから
夫には今日のことを
何も伝えないことにした

そして次の日、昼までのんびりしてからめっちゃ高いユンケルを飲み、願書と自己推薦書をマッハで書いた。不注意な性格だから、何度も何度も書き直して5時間くらいかかった。そして、なんとか近所の郵便局の営業時間内に、持っていくことができた。

さて、勝負はこれからだ。

賢くなった気になってた

7月12日

約1カ月先の東大の専門試験に向けて、筆記試験対策をはじめることにした。買いためておいた筆記試験対策の参考書を開いて読んでみたけど……なんじゃこりゃ。基礎知識がまったくないせいで、文章を読んでも内容が頭にまったく入ってこない。

待てよ待てよ、落ち着いて考えよう。過去問を見ると、2時間の論述試験では約4000字書かなくちゃいけない。ということは、1分間で最低34字書かないと解答用紙を全部埋められない。

つまり問題を見て、考え込む時間はほとんどなく、ものすごい勢いでどんどん書き込んでいかなきゃ、確実に間に合わない！　一般的な大学入試なら120分で1200字程度だったと思うけど、やっぱり東大生の脳みそに合わせてあるせいか、試験の分量が本気で頭おかしい。

さてどうしようか。この参考書の内容を「なんとなく知ってる」レベルではきっと時間が足りない。

私、たしか予備校の生徒にこんなこと言ってたな。

「定義を確認しながら、完璧にわかるようになるまで何度もやりなさい。九九みたいに、サラッと答えられるくらいにね」

ああ、そうだそうだ。文章の意味がわからないのは言葉の定義がわかってないってのが原因だ。

言葉を1つ1つ噛《か》み砕いて、丁寧に読んでいけば、理論的には急成長できるはず。そう思って筆記試験対策1日目は、意味を確認しながら本を読んで、本を見ながらわかりやすくノートにまとめた。

さすがにノートにまとめながら書くと内容も理解できたし、何よりノートに書く作業ってなんだかとっても楽しいんだよね。楽しく勉強できるし、がっつり理解できるし。もう一石二鳥。そんなふうにルンルン気分で勉強することができた。

でも次の日の朝、復習として前日にまとめノートに赤ペンで書いた部分を赤色のシートで隠して、大事な部分をしっかり覚えてるかどうか確認しようとした。

あれっ？　まったく、まったく、**昨日勉強した内容が思い出せない……！**

東大目指しはじめて調子に乗って忘れてたけど、私は昔からずっと英語以外の暗記がものっすごく苦手だった。ノートにきれいにまとめたり、本を一度読むだけで成績が上がるのは天才肌の人だけだ。私は泥臭く叩き込まないとダメな凡人。

ほんと、バカだなぁ。東大目指しはじめたってだけで、賢くなった気になってたよ。

「受験する」だけなら誰だってできるのにね。

泥草勉強法

7月13日

さて、仕切り直し。

少しでもインプットしたことを記憶に定着させるために、「目・耳・口」全部をフル活用した。

脳科学の本によると、この三種の器官を活用しながらインプットとアウトプットを繰り返すことで、記憶したいことが長期記憶に変化するそうだ。

だから私は参考書を見ながらノートにまとめることをやめて、頭に入れたい部分を制限時間つきで精読し、何も見ないで、ノートに読んだ内容を要約した。

そして復習として、学んだ語句をノートにまとめ、語句を見て口頭で説明をしたり（口頭試問対策でもある）、ちょっと恥ずかしいけどオリジナルで用語の音声をスマホに録音して、家事をするときにずっと聴いていた。

「（声）ジンメルの弁証法（15秒の間）意味を思い浮かべる（声）バーナム効果……」

みたいな感じに。

さすがにこれだけしつこくやると、勉強したことを忘れることはほとんどなかった。気力さえあればきっとこのやり方で誰でも、何かしら結果を残すことができるんじゃないかなって思うくらい、学習したことが強烈に記憶に定着している。……その分頭の疲労感は半端ない。

そして数日後、ついに東大の受験票が届いた！　夢へのチケットだと思うと、手に取るだけでワクワクしてきたよ。受験票が入っている茶封筒を見るだけで、胸がぎゅんぎゅん高鳴るのがわかる。

この受験票におまじないでもして、願掛けしとこう。スピ活スピ活。

体内にパワーストーン

7月某日

おまじないが嘘っぱちだとか、非科学的だとか、意味ないとか、そんなこと別にどうでもいい。

自分はめちゃクソ運が良くて、努力は絶対報われるし、努力次第で絶対合格できる。

そう信じ切って最高のパフォーマンスを引き出す！　……そのためのモーション、いわばルーティンワーク。

まぁ、おまじないといっても別に大したものじゃない。夫が昔つくったお賽銭箱《さいせんばこ》型貯金箱を風水的に良い方角に置き、その上に願書を載せておくだけ。簡易版パワースポットだ。

さらに、ご利益のある小銭を生成するために、ときどき小銭を賽銭箱にお布施した。こんな感じでお賽銭箱を設置していると、ある日夫がパワースポットに気がついた。

「これってもしかして東大の受験票？」

やっべぇぞ。夫がスピリチュアル嫌いだったの、すっかり忘れてたよ。でもこうなっては仕方ない。正直に言おう。

「あ、ああそうだよ」

「あのさぁ。いい加減オカルトとかに頼るの、やめたら？」

「いや、頼るというか、パフォーマンスを上げるためだよ。あくまでもね」

「でも、普通ここまでする？　ああ、なんかただっちがどんどんやばい人になっていくみたいで、オレ不安だよ。そのうち、変な波動水とか買ってくるんじゃない？

挙句の果てには体内にパワーストーンとか埋め込んだりさ！」

え？　体内にパワーストーン埋め込む……？　ほう……己自身をパワースポット化するってことか！　うーん、なかなかワイルドだな！　それもありなんじゃない？

でも私はそこまではしないよ。高額な波動水も買わないよ。

「私……そこまでおかしい？　夫くんだって初詣、一緒に行ってお参りしたじゃないの。それと同じだよ」

「それは新年のイベントじゃん、このお賽銭もだけどさぁ。前見ちゃったんだけど、なんかノートにぎっしり呪《のろ》いみたいに夢を書いてたよね。あれが一番こわいと思った」

「それはスピリチュアルっぽい行動だけど、スピリチュアル関係なく毎日のモチベーションアップに有効だからやってるんだよ」

「ほんとに？」

「ほんとだよ！　そもそも私がスピリチュアルにどっぷりはまり込む人に見える？」

「正直……女の人って論理的ではないから、何が起こるかわからなくて、こわいんだよ」

何そのクソみたいな偏見！　それこそ論理的じゃないね。この人は私の話をちゃんと聞いてくれたのだろうか？

「……謎の宗教に高額なお布施をしたり、謎の出家をしたり、そういう不思議な行動は、絶対やめてね」

つまり、私がある日突然、「千眼ただ子」とか、謎の名前を名乗って出家したりするのがこわいのね。そりゃあこわいわ。これからは、一風変わった行動をするときは、夫にきちんと理由を説明しようと心に決めた。

そして、あっという間に時間は流れ、ついに一次試験の英語試験日の前日になってしまった。

スピリチュアルのおかげで、全然緊張してないよ……と言いたいところだけど、がっちがちに緊張していた。

明日のことを想像しただけで、心臓がバクバクする。

英語試験前日

8月2日

こう見えても私はものすごく繊細で、これまでの人生で大切な試験の前日はぐっすり眠れたことがほとんどない。

センター試験も、二次試験も、資格試験も。ものすごい寝不足の状態で受験した。

そういや、結婚式や顔合わせ前日も眠れなかったなぁ。

がんばればがんばるほど前日の夜興奮しちゃって、まったく寝つけなくなってしまう。もちろん、今回も眠れないだろう。

もうわかりきってるんだ。だけど、**今回私が挑むのは、日本一の大学だ。**

脳みそをフル・フル・フル・フル回転させなきゃね!

……ってことで、最後の悪あがきとして前々日3時間睡眠にして、あらかじめ寝不足状態をつくっておき、前日にはがっつり運動をして体に鞭打《むちう》ち、いつもは3杯くらい飲むコーヒーも我慢した。前日には、もれなく気絶するように入眠できるよう、工夫をした。

極めつきには、寝る1時間くらい前に眠くなる副作用のある薬も飲んでやった。

そこまですると さすがに夕方くらいからずーっと眠くて眠くて気絶しそうだった。そしてその日は計画通り、超絶眠た～い状態で布団に入ることができた。うふ、とってもいい感じ。

明日はきっときっと。最高の答案用紙を提出することができるはず。

いける！　眠れるぞ！

そんなふうに胸を躍らせていると、隣から夫のイビキが聞こえてきた……。

いいよなぁ。

夫はいつも5分以内に入眠できてさ。私なんか通常、入眠するのに1時間くらいかかっちゃうけどなぁ。

あれ・・・？
眠る瞬間って
どんなのだっけ？
意識がすっと
消えていく感じ？
それとも記憶が
突然途絶える感じ？
いやまてよ・・
確かフロイト
夢というのは
形成されるも
書いてあった
ということは
意識が無意識
変わっていく
はたまた無意
瞬間というも
はっ！ダメだ
このままじゃ
一生眠れない！
バアッ
スマホで
眠り方を
調べよう・・・
なになに・・・？
4秒かけて鼻から息を吸い
7秒間息を止めて
8秒かけて口から
吐き出すと確実に眠れる？

鼻から4秒
すー
7秒の息止め
・・・・
8秒かけて口で吐き出す！
はーーっ
あれ・・・？おかしいなぁ
あっもうねむれる!?
ネムレ
ネムレ
すーっ
はーっ
すーっはーっ
逆に脳が覚醒してきてる気がする・・・
すーはーっ
はーすー
すーはーすー
どうしよう外がだんだん明るくなってきた
結局
オハヨー
一睡もできなかった

第5章

神は微笑む!? 東大院試スタート

東大院試1日目

8月3日

大事な大事な東大入試初日だっていうのに、一睡もできなかった。なんだか頭がフワフワするし、気がつけばぼ～っとしてしまう。まぁ大丈夫さ。今日はTOEFLだし。多分配点は高くない。英語はまだ得意なほうだし、普通にやれば足切りにはならないはずだ。

入室開始の1時間前には東大に着いたけど、会場探しに結構時間がかかった。それにしても東京って暑すぎる。熱中症対策のために、キャンパスの中の草木が茂ってるような日陰を歩くようにした。そのせいでえぐいほど蚊《か》にかまれた。

寝不足のせいなのか、ちょっとしたことで気分が落ち込んでしまう。ただ蚊にかまれただけなのに。

ああ、ダメダメ。落ち込んでたってなんの意味もない。英語試験のことだけ考えて、ガンガン前に進もう。心を引き締めて会場に入室し、自分の席を探した。私の隣には、マッスルな感じのかわいい顔のお兄さんがいた。神経質っぽい人が隣じゃなくってよかった。見るからに大らかでやさしそう。これなら安心して受験に挑めそうだ。マッスルなお兄さんのおかげで、少し心が落ち着いた。

席について、ふと辺りを見渡すと、ボロボロになるまで単語帳を読み込んでいたり、明らかにネイティブっぽい人がTOEFLの参考書を読んでいたり、すごい大荷物で遠方から来たっぽい人がいたり……。

きっとこの中にはリアルガチ東大生や、海外のエリートがたくさんいるんだろう。そんな人たちはTOEFLの勉強なんてしないって勝手に思っていたけど、みんなそれぞれ使い古した問題集や参考書で復習をしている。ここにいる人たちも、今日のために本気で努力をしてきたんだろうな。そう思った途端、鼓動がドクドク、速くなっていった。

そして約2時間後、私はこのマッスルなお兄さんに、物理的に失礼なことをしでかすのだけど、このときはまだ知らない。

ついに東大入試の英語試験がはじまる。英語試験といってもTOEFL ITP（団体対象のテストプログラム）なんだけどね。同じ会場にいる人たちが、勉強しているのを見てものすごく緊張してきた。

私……大丈夫かな。場違いの中の場違いじゃない？　ドキドキしながら静かに座って待っていると、ついに問題用紙が配られた。あ……やばい。緊張で手の震えが止まらない。しかも手がものすごく冷たい。夏だから油断してたけど、冷房も入っていることだし、カイロを持ってくるべきだった。

どんどんテンションが下がっていく中、ついに英語のリスニングがはじまってしまった。大丈夫、大丈夫。落ち着いて解けば大丈夫。何度か模擬テストを解いて一度も東大生の平均を切らなかったし。ちょっと失敗しても足切りにはならないはずだ。


——あれ？　何？　なんて？　いつもは英語のリスニング問題、ボ〜ッと解いていてもそれなりに意味がわかるのに。1つの問題につき、単語数個しか聞き取れない。音響のせい？　いやいや、そんなことない。緊張のせいだ。

次の問題こそは大丈夫。次の問題は……そうだ、問題を先読みしておけば内容がわかるはず……あれ？　予想問題より2倍しゃべるスピードが速い気がするんだけど……。

おいおい、なんだこの現象。極度の緊張のせい？　座席のせいで音が悪い？　普段からイヤホンで練習してたせい？　なんだか英語が、右からやって来て左へ流れていく。そんなムーディ勝山状態で問題の半分が終わってしまった。そこで、少しでも点数を稼ぐために、単語から何のヒントも得られなかった問題は、**もれなく全部Cを選んでおいた。**

間違いなく、文法と読解のセクションで挽回《ばんかい》できなかったら、確実に足切りだ。このままじゃ順調に東大（不合格だった）主婦への道を歩んでいくことになる。私は心の中で自分のおケツを思いっきり叩きまくった。

その結果、文法問題は会心の出来だった。10分くらい余ったし、全問正解できたと思う。そしてそのままノリにノッたまま、リーディング問題を解きはじめた。いける、わかるわかる、すっごいわかるよ！　リスニングは壊滅したけどこれならいける……！　夢中で解いていると、こんなアナウンスが……。

残り時間はあと5分です
はっ…
ククク…
よし
新しい鉛筆に持ち替えてラストスパートだ！
残りあと5問だから…1問につき1分しかない…
張り切りすぎたせいだろうか
ジャキーン
鉛筆を勢いよく持ち替えた瞬間
ぐいっ

ギョッ
キャップがお兄さんの方へとんでいって
ピュー ッ
めりっ
お兄さんの顔面に
クリティカルヒットした
ポロッ

社長さんは東大合格のキーパーソン

8月4日〜

東大受験1日目の英語試験がいろんな意味でオワッタ……。リスニング、下手したら全問不正解なんじゃないかってくらい、失敗してしまった。これはさすがに、足切りのラインを下回っちゃったかもしれない。

これはもう、2週間後の専門試験で大どんでん返しをするしかない。……けど、ちょっと疲れが溜まりすぎてなんだか燃え尽きちゃった。

しかも今日は今から連載漫画の社長さんと担当編集さんと打ち合わせだ。気分的にも、時間的にも、今日は勉強できなさそうだ。

打ち合わせで、東大受験の話をすると漫画の連載時期を受験後にずらしてもらえることになった。それにしても、東大受けるって豪語して、不合格になったときお互い気まずいなぁ。

なんてことを考えながら、私の研究内容にすごく興味を持ってくれた社長さんに研究計画の内容を説明した。

すると……。

「それに関した研究なんだけど、○○って知ってる？」

おお……？　このオジサン、なんか私より、この分野にめちゃくちゃ詳しいんじゃない？

さすが社長さんだ。専門試験の中にある自分の研究について論述する部分にこの人に教えてもらった話を、もっと深く勉強して盛り込めば点数高くなるんじゃないか？

ああ、なんて幸運なんだ！

そういえば、漫画の連載が決まった時期もわりと不思議な時期だった。

……まさか、**引き寄せの法則でこのオジサン、引き寄せちゃった？**

本当のところはわからないけど、私はこの社長さんを私にとっての幸運のオジサンで、東大合格のキーパーソンだと盲信することに決めた。

神に愛されてる私

8月17日〜

もうとっくに研究計画書は東大に提出しちゃったけど、これからまだ論述試験でもう一度アピールする機会があるし、それをパスすれば、さらにプレゼンで教授陣に思いっくそアピールできる！

そのあとさらに社長さんが、研究に役立ちそうな書籍のリストを送ってくれた。神かな？

ほんとこの日に打ち合わせを選んでよかった。特に何も考えず、なんとなく、「東大受験の真っ只中《ただなか》だけど、この日がいいな」って感じで打ち合わせ日を決めた。この入試真っ只中だったからこそ、東大受験の話をあの場でしたわけで、日程がズレていたら意味がなかった。

不思議な時期に東京への引越しが決まり、漫画の連載が決まり、研究内容に詳しい人に出会い……。

なんだか偶然が重なりすぎて……すごい。なんで？　何がよかった？　頻繁に神社にお参りに行ったこと？　運が良くなる方法を試したこと？　引き寄せの法則を毎日実践したこと？

いやぁ、いろいろ実践しすぎて何が良かったのかわからない。スピリチュアル的な行動は、はじめは自分の脳を騙《だま》してパフォーマンスを高めるためにやってたことだけど、なんだか不思議な力が働いてる気がしてならない。そもそも東大受験しようってアイデアが浮かんだことも唐突で意味不明。

もしかして、スピリチュアル的な効果は、なんとなく「そうしたい」っていう無意識に従うことで生じやすくなる……？　なんの根拠もないけど、残りの2週間、「なんとなく」な気持ちを大切にしてみようと思った。

だから、毎日の勉強ノルマに加えて、本屋さんに行って「なんとなく」気になった本は、全部もれなく読むようにしてみたり、ふと頭に浮かんだキーワードを細かく調べることに決めた。

専門試験までの2週間は最低でも1日1冊以上の本を読んでいた。正直、ものすごくしんどかったけど、何かが起こりそうな気がしてすっごくワクワクした。

ああ、私って今、東大を目指すという正しい道を進みはじめて、正しく努力できてるから、**神とかそういう系に味方されてるんだ……**。

本気でそう思い込んでいた。

本格的にそういう類《たぐい》のセルフ洗脳に成功して、不安や焦りがまったくなくなった。もはや悟りの境地だ。

大事な話

8月19日

そんなこんなで、最強の洗脳状態かつ最高のコンディションで、専門試験の前日を迎えた。正直ディズニーに行ったせいで網羅できなかった範囲もあるけど、今日詰め込めばきっと大丈夫！　なんかよくわからないけど自信満々だった。

すると、この日、夫から大事なお話があった。

「ねぇ、ただっち、ちょっといいかな？」

ドキドキ…
な
なに?
改まって…
勝手に見ちゃって申し訳ないんだけど
昨日ただっちの勉強ノートを見たんだ…
…すごくがんばったんだね
反省したり文句言ったり本当ごめんね
でもオレ…
ただっちと結婚してよかったよ

ただっちといると
人生何が起こるか
わからないから
オレも一緒に
ワクワクできるよ
・・・
ありがとう！
明日
うまくいくと
いいね
そんなこんなで
温かい気持ちになり
今回は眠りに・・・
すや…
やっぱり
つけなかった
カッ！

ダメだダメだ。１００％親切心なのに、こんなこと言っちゃあ申し訳ないんだけど、夫が良かれと思って私にやさしくしてくれたおかげで、余計に緊張してしまった。

『ドラゴン桜』（三田紀房、講談社）によると、繊細な受験生に対しては、受験前日や当日に必要以上に特別なことをしないほうがいいらしい。周りの人は応援したくて、受験生に何かをしてあげたくなって当然だ。でも、繊細な人にとっては逆効果だ。ちょっとしたことで、いつも通りの心理状態で、いつも通りの能力を発揮する。それが難しくなってしまうそうだ。

私は完全にそういう繊細タイプだ。もうダメ、無理、絶対眠れない。もういい、眠るのをあきらめよう。まぁ、夫にやさしくされなくたって、結局眠れてなかったと思うけどね。

横になってても、ソワソワしてつらいから、朝まで予想問題をつくっては、自分で解き続けた。

すごい人に勇気をもらう

8月20日

そして朝が来て、人生最高潮の緊張のせいで、朝っぱらからゲロンパした。あれ、神様って、私のこと愛してたんじゃなかったけ?

「ただっち……⁉ だ、大丈夫⁉ どうしたの? 食中毒?」

言えないよ。あなたの激励のせいで、緊張がアルティメットで眠れずリバースしたなんて。言えないよ。

「いや、ちょっと、緊張したのかもしれない」

「……もしあまりにもつらかったら、無理して受けに行く必要ないよ。冬の院試もあるんだし、なんなら来年だってあるし」

「来年って……東大受験は今年限りだって、夫くん言ってたよね」

「それはもういいよ。本気なのは、十分わかったから。……だからもっと気楽にいきなよ」

ああ、なんだか嘔吐《おうと》で胃の中は空っぽだけど、胸はいっぱい。がんばりを評価してくれるのってほんと、何よりもうれしいんだね。

夫のおかげで、もし不合格だったとしても、ここまで努力できた自分のことが、すごく好きになりそうだよ。……ありがとうね。

そんなこんなで、あたたかい気持ちで受験会場の東大本郷キャンパスへと向かった。

冬の入試も、来年もあるから気楽にいきなよとは言われたけれど、これ以上ないってほど3カ月間やりきった。今回がダメだったら、もうそれは東大生になるのも、研究者になるのも、向いてないってことだ。

しかし、本当に絶不調だ。

それも、これまでにないくらいの。もう、立ってるだけでしんどいよ。本郷三丁目駅の近くのくすりの福太郎で買った、宝仙堂の「凄十《すごじゅう》」が効けばいいけど、試験中気持ち悪くなったらどうしよう。

あーあ。未来の東大生として、東大のキャンパスに入るのは、今日が最後なのかもしれないね。赤門に近づいていくたびに、気持ちが暗くなっていった。

そのとき、ふと顔を上げると、車の中から誰かが私に手を振っていた。こういうとき、ろくに確認もせず、うっかり振り返すと恥ずかしい思いをするんだよね。おまえじゃねぇよってやつ！　だけど、私の近くに人はいない。

……完全に私を見ている。え？　本当に誰？　ええ？

あれって、天皇陛下じゃね？

8月20日

ただの主婦はかく語りき

東京ではよくあることなのかもしれないけど、私にとってははじめての経験だった。うれしくてうれしくて必死に手を振り返した。ちょっと救難信号を出してる人みたいになっちゃったけど、陛下はすっごくやさしく微笑《ほほえ》んでくれた。

……でも陛下が去ったあと、冷静に考えて手を振るなんて失礼だったんじゃないかなって不安になってきた。

前に陛下の誕生日に、ＳＮＳで大勢の若者たちが「陛下あんま絡みないけどおめでとっ☆」っていう画像を発信していて、ドン引きしたんだけど……私がさっきした行動も、同レベなのかもしれない。

まぁいいか。悔やんでも手遅れだし、忘れよう。

とにかく、あのやさしい笑顔が、なんだか心にしみて、立ってるだけでもしんどかったのに、体の芯《しん》から元気になった気がした。天皇陛下は絶対気づいてないだろうけど、私はものすごく救われた。

そしてやっぱり、神に愛されまくってるんだって、再確認できて、自信が湧いてきた。

試験会場での隣の席は、前回試験中に顔面にキャップを飛ばしちゃったお兄さんじゃなくて、いい感じの美人さんだった。お兄さんもきっと、私の横じゃなくてものすごくホッとしただろうね。

そして試験開始5分前——私はものすごくやばい事態にやっと気がついた。**あれを忘れた。**受験票の次に忘れちゃいけないもの。……時計。

よりによってこんなときに。

この教室の3階下にローソンがあったけど、階段で降りて購入して登って、5分で帰ってこられるか怪しい。

ねぇねぇ、隣のきれいなお姉さん。時計2つ持ってないかい？　ちょこーっとだけ、私寄りのところに腕時計置いていてくれたりしない？

前回の試験であんなことした私が言うのもすごいあれだけど、人様に迷惑かけるのは絶対ダメだ。お姉さんだって今日のためにきっとすごい努力をしてきたんだ。私なんかが水をさしちゃいけない。

2時間で4000字以上の論述試験。時計なしでも急いでやれば、なんとなるか？いや、でもそれじゃあ、集中できないし、ベストを尽くせない。行くぞ、私は！　時計を買いに行く！

いける
この早さなら
間に合う！
コンビニOX
あ
置き時計がある・・・！
置き時計
電池別売

よし…あとはお会計を済ませて…
ぜーぜーっ
ガーン!
こんなときに限ってレジに行列が…!
ずらり
ずらり…
はやくはや
はやくはや
はやくはや
はやくはや
はやくはや
はやくはや
次のかたどうぞー
よしつぎは私の番だ!
あのぅ…すみません

あのぅ……
この時計って電池別売りですか？
……はい
単3電池ってどこにありますかね……
あっ…ちょっととってきます
嘘でしょ…？
しかも忘れ仲間…

並んでる間ずっとどういう動きをすれば最短でレジを済ませ、どういうルートで教室まで最短で戻れるか考えた。……よしついに私の番が来た。ここからが勝負だ！

「すみません！　レシートは結構です！」

急げ急げ急げ！　もうマナーとか特に考えず、階段を3段飛ばして大股広げて上っていった。多分自分史上一番の大股開きだったと思う。私の股関節《こかんせつ》も突然の開き具合にさぞかし驚いたことでしょうね。そして……ぎり間に合った……。

席について少しして、試験監督が説明をはじめたから本当にぎりぎりだったんだと思う。

ハァ、それにしても、しんどい……しんどいよ……だって長年運動不足なんだもん。

ハァハァしながら時計に電池を入れていたら、横のお姉さんがこっちを見てる気がした。失礼に当たるといけないので、呼吸の音量を下げるために**ハァハァか**

らフンフンに変えた。

ごめんね、ごめんね、お姉さん。

こんな人が隣で本当ごめんね。少し鼻でフンフンしてたら、呼吸の乱れが治まってきた。ああ、なんとか、落ち着けてよかった。

さすがにここまで来れば、もう安心だ。説明時間の間に、鉛筆とか消しゴムとか、整理しておこうかしらね。そのとき、手が滑って、さっき買ったばかりの置時計に当たってしまった。

すべてが、スローモーションに見えた。

時計が粉砕した。教室中の未来の東大生（仮）たちが、一斉にこっちを見た。前に座っている未来の東大生（仮）は小さな声で「うわぁ」って呟《つぶや》いた。

助けて、天皇陛下……。

未来の東大主婦（仮）の心が折れそうになった。ああ、死んだ。ツァラトゥストラさんがかく語った通り、**やっぱり、神は死んでたんだ。**

バラバラになった時計をかき集めて拾った。時計を組み立てると一応動いてくれた。不幸中の幸いだ。フタが割れたせいで秒針と短針がむき出しの、ワイルドでアンティークな感じの置き時計になっちゃったけどね。

「それでは、解答をはじめてください」

ああ、忘れろ忘れろ。本番だよ！　とにかくひと通り、問題に目を通して時間配分を決めておこうか。何があっても、セオリー通りに行動だ。

……あれ？　うん？　えっ嘘でしょ？　えっ何これ？　現実？　この問題……。

引き寄せブースト、始まる⁉︎

8月20日

東大の専門試験がはじまり、まずは一通り問題に目を通した。

し……信じられない。びっくりしすぎて問題を3周ほど読み返したし、ほっぺもつねった。昨日一睡もせずに勉強してたとき、優先度が低いと思って今まで手を出してなかった分野の勉強をはじめて、「説明問題で出題されたら厄介だから、とりあえず模範解答つくって丸暗記しとこ」と、模範解答をつくった300〜400字で語句を説明する問題が、まったく同じ問題が、3問中、2問も出た。

そして、奇跡はそれだけではない。英語の文章を読んでその文章に関する論述をする問題の題材が、まさかのなんとなく読んだビジネス誌の、気になった部分のウィキペディアを読み漁ったやつだった。

ビジネス誌が入試に役立つとは思ってなかったけど、自分なりの引き寄せの法則の実践にあてはまる行動だったから購入したんだ。

こんなマイナーな題材、日本では知られてないし、きっと他の受験生は詳しく知らないはず。正直、英語長文は読まなくてもだいたい内容がわかってしまった。

そして、他の問題もこれまで勉強した内容と合致していて、わからない問題が何1つなかった。というか極端に自信のあるやつしか出題されていないといっても過言ではない。

こわいこわい。

引き寄せの法則って、やっぱり本当だったのか？　これだと凄《すさ》まじく高得点、取れちゃうよ？　東大の入試で、スピリチュアルの利用で、こんな幸運MAX状態で、実力が伴っていないほどの、高得点取っちゃっていいの？

東大の入試でえげつないほど粗相しまくって、ラッキーなことが起こりまくって、もう意味がわからない。まさか、ただっち寄りの神と東大の神がケンカしてる状態なんじゃ……？

いいのか？　本当にいいのか？　チートレベルの解答をつくって、オーバーキルしちゃっても。ただの主婦が、ただのラッキーで、記述試験パスしちゃってもいいの？

いや、本当にラッキーなの？　普通に勉強量と読書量を多くした結果かもしれない。何が一番なのかわからないけど、この試験が極端に良くても、研究計画書やプレゼンがダメだったら不合格なんだし、とにかく今は本気で高得点、取りに行ってやれ。満点取っちゃう勢いで、ゴリゴリ解いていった。ああ、最高だ。

本郷からの帰り道

8月20日

一次試験は、とても満足のいく解答ができた。間違いなく私の人生で一番良くできた試験だ！

ウキウキしながら、東大のキャンパスを出た。今日の幸運が、引き寄せの法則のおかげなのか、それはきっと一生わからない。でも、スピリチュアルのおかげで、ダメダメな自分を信じて、最大限にがんばることができた。

本郷を歩きながら、今までの出会ってきたスルッと運よく自己実現しちゃううらやましい人たちを頭に浮かべた。

うらやましがったり、嫉妬《しっと》して成功を喜べなかったり、自分の運の悪さを嘆いたり、自分とは別の次元の人なんだって割り切ったりしてた。だけど、うらやましくて仕方なかったあの人たちは、総じて明るくて、前向きで、爽《さわ》やかで、自分を信じてずっと努力をしてた。運が良くなる方法とか、引き寄せの法則って結局うまくいく人の心の在り方をまとめたものなんだなって思った。

もし東大に落ちちゃっても、私はそんな前向きな心を保ってずっと生きていこうって決めた。

さて、数日後にはもう筆記試験の結果が出る。そして、さらにその数日後にはもう、最終試験のプレゼンと口頭試問だ。あれだけ専門試験ができて、今回落ちたらめちゃくちゃがんばってつくった書類が最高にダメだったってこと。

もし筆記試験合格したらめっちゃ偉い人たちの前で、難しいお話をしなくちゃいけない。どっちも地獄だ。

さっそくうしろ向きな気持ちが、ふつふつふつふつ湧いてきた。

ついに第一次試験合格発表 8月24日〜

神に愛されたり嫌われたり、浮き沈みが極度に激しかった東大での専門試験が終わり、今後のスケジュールはこんな感じだ。

2日後に筆記試験の合格発表、その3日後にプレゼン。

ちなみにプレゼンの準備はまだ何もしてない。なんたって専門試験の勉強に時間を全振りしたからね。


ああ、それにしても3カ月間、よくがんばったよ。あんなクソみたいな生活を送ってた私がこんなに努力を継続できたなんて……。

年齢とか実現可能性に関係なく夢を持つことって、ほんと、素敵なことなんだね。

私はもうきっとクソっちには戻らないよ……！　と思いきや、なんだか燃え尽きてしまって、合格発表までの2～3日は思いっきりクソっちだった。

不合格になったら、プレゼンの準備が全部無駄になると思うと、どうしてもやる気にならない。

……その代わり、昔流行《はや》ってたテレビ番組の「マネーの虎」を見まくってプレゼンテーションのダメな例やいい例を学んだりはした。

面接官に対して言い訳を言ったり、身の丈に合ってない言葉を使ったり、上から目線で話したり……。そんなことをせずに、しゃべりが苦手だとしても、自分の言葉で一生懸命言いたいことを最後まで話してる人は、なんだかダメそうでも応援したくなる……という当たり前だけど、とっても大事なことを学んだ。

そして、合格発表の2時間前、ものっすごい睡魔に襲われ、目が覚めたときには合格発表の時間からすでに2時間が経過していた。合格者の受験番号が貼り出される瞬間を見に行くつもりだったけど、もう遅いしネットで結果を見よう。


ああ、手が震える。

ついに第一次合格発表
…
私の努力は報われるのかな？
それとも…
ドキドキドキ…
東大生になるチャンス…まだあるのかな
ドクン
東京大学大学院
一次試験合格者
PDF
ドクンドクン
私の受験番号は
えーと…
22024
22024

ドキドキ
ドキドキドキ
深呼吸
深呼吸
すぅーー
はぁー
よし
見るぞ！
キリッ
22015
22017
22020
22022

あ・・・っ
だああッ
やだッ
無理ッ
はぁー、
はぁー、
はぁっ
よし・・・
今度こそ見るぞ
ぱぁっ
2202

22024
え
…
うかっ
ずるっ…
た…

受かったんだ、東大大学院の筆記試験。私、3日後に東大の教授陣の前でプレゼン、できるのか？　努力が報われてうれしかったけれど、正直うれしさより最終試験のこわさのほうが上回ったのであった。おなか痛い。

東大大学院の一次試験になんとか合格したことを、夫に報告した。夫は、ものすごいスピードで返事をくれた！

「すごいね！　おめでとう。実は受験番号控えてて、先に調べて知ってたんだけど……寝てたの？」

受験票1回見せただけなのに、いつメモったんだよ。二度寝はしないって約束してたのにうっかりバレちゃったよ。私の東大院一次合格を一番に知ったのは夫だったんだね。

それより、私……本当に、一次試験合格できたんだね。クソっちじゃないって認められたような気がして、体の奥底から喜びが湧き上がって来た。やっぱり客観的なモノサシで、評価されるのはうれしい。

……でも正直、引き寄せの法則の効果か運がめちゃくちゃ良かったのか、勉強しまくったおかげか、よくわからない。正直前日の勉強だけでも、受かってたんじゃないかってくらい、ヤマが大当たりしてしまった。私の能力の割に筆記試験の出来があまりにも良すぎる。なんなら下手したら、あの受験生の中でトップなんじゃないかってくらいできてしまった。

なんせ前日模範解答つくってたやつだったしね。

筆記試験の結果と研究計画書を参考にしながら口頭試問をされるらしい。筆記試験の点数だけ見たら、私、多分すんごい賢い人だよ！　期待されながら、私のお粗末なプレゼンと口頭試問を見たスーパーハイスペックな東大教授たちはきっと……どん引きだろう。しかも参考文献に面接に来るであろう東大教授の著書をいっぱい書いてしまった。

きっときっと、厳しい面接が待っている。それが……あと今日を含んで3日後……？　資料、なんにもつくってないぜ？　うわぁ、うわぁうわぁうわぁ、ああああああああああ！

夫が帰って来るまで鬼のように、パワーポイントをつくったけど、5分の1にあたる導入部分くらいしか完成しなかった。まぁ、せっかくつくったし夫の前で発表して感想をもらおうか。

「わた、私の、私の研究テーマは、あれっあの〇〇の……」

緊張とパニックで、感想をもらうレベルの発表ができなかった。

「ただっち……大丈夫だよ、何百回も、何万回も練習すれば……緊張してもスラスラ話せるから。ね。がんばれ」

いつも激しく突っ込んでくる夫がやさしくて、むしろつらい。ああ、こりゃ、やっべぇぞ。

最終試験前夜

8月26日

明日はついに、東大大学院の最終試験。

今日で私の受験生活も多分幕を閉じることであろう。プレゼンの準備は、なんとか整えた。さぁ、プレゼンと口頭試問の練習練習。

「私の研究が、社会に対してどのようなインパクトを与える、あた、与えるのかと言いますと、そ、それは、ひとっみなさんのあっ幸福あっ……」

ちゃんとしゃべらなきゃって、思えば思うほど言葉が出てこなくなってしまう。まぁ、自業自得なんだけど、凡人主婦には3日の準備期間じゃぜんっぜん足りないよ。

……ってことで、かっこよくプレゼンするのはあきらめて、言葉に詰まって頭が真っ白になったとき用に、自分用の資料にだけセリフをちょこちょこ書いとくことにした。こんな東大受験生は多分私だけだろうけど、まぁ仕方ない。前に出るのが得意な人だけが研究者になれるってわけじゃないんだから、多分だけど。

それから口頭試問用にプレゼンに突っ込みポイントや、あえて詳細を書いてない部分をいくつかつくっておいた。こんなことしても、相手は東大の教授陣だし、見透かされそうだけどね。そんなこんなで、ちょっとせこい感じの面接対策をしておいた。

さぁ！　あとは、発表のシミュレーションを何回も何回も何回もやるのみ。寝る時間になるまで、何回も繰り返し1人で発表ごっこをし続けた。

「ねぇただっち、発表見せてよ」

夫にこの発表を……？

粗があっても、とにかく褒めまくって自信を持たせてくれる！　って感じならうれしいんだけど、夫はそういう系ではないし、このプレゼン冒険気味だし、断ろう。

「いいよ、自信なくなるとよくないし……」

「えーっ絶対誰かに見てもらったほうがいいよ。もう！　後悔しても、知らないよー？」

そんなこんなで完成したプレゼンを、ガチで誰にも見せることなく本番に挑むことになった。

そして、いつも通り睡眠時にはお決まりのパターンでまったく眠れず、これまたお決まりのパターンで、元気にゲロンパした！

ただのヒッキー主婦が、東大教授の前で持論を発表なんてこわい、こわすぎる。研究ができるレベルの持論なのか、的外れでおバカな持論なのか、それすらまったくわからないんだから。

人生で一番「こわい」って感じた朝だった。でも、自分の人生を全力で突っ走ってるって感じがして、なんかいい。

第6章

さよなら、東大受験
さよなら、ただの主婦

受験生活最後の日

8月27日

全然眠れなかったし、朝から緊張でOUTしたし、最っ悪のコンディション。でも、私にとってはこの状態がデフォルトだから、気にしないの。前みたいに、しんどくても暗〜い気持ちになったりしない。

未来の東大生としてこの場所に来るのは、泣いても笑っても、今日で最後。この3カ月間短かったようで、やっぱり短かった……。

結婚して会社を辞めて、何もかも全部ズボラになって、自分の特性が浮き彫りになって、本当の本当に、自分のことをダメ人間だと思って生きてきた。

でも、3カ月間、これ以上ないってくらいがんばることができた。運が良すぎた感もあるけど、筆記試験も合格できたし、ダメじゃなかった。

人生かけて耕したい畑が見つかれば、誰だって何かに打ち込むことができる。……そう強く思った。

さぁ！　私にできることはもう1つしかない。自分の研究に自信を持って、発表するだけ。

会場に着くと、面接の待機ために用意された講義室に案内された。希望者はプロジェクターで、動作確認ができるみたい。あまりこういうとき見ちゃいけないんだろうけど、思いっきり見てしまった。

お！　経歴紹介だ！　え？　開業して、法人化して、開発してそんなとこで実践して……？　す、すごい。なんで若くしてそんな偉業を成し遂げてるの？　22歳とかだよね？　人生何周目だよ。私が大学生のときなんか、バイトや遊びだけでいっぱいいっぱいだったのに。

しかもパワポに書いてあることがそれはもう、本当にすごかった（もちろんその人は合格してた）。

どうしよう……私。偉大で知的な内容ではないのに、ポップにイラストなんか入れちゃってさ。

ねぇ、私の発表……ポップすぎ？　どうしよう、大丈夫かしら。

知的な内容でポップならまだしも、ポップな内容でポップなんて、**ただのキングオブポップ**じゃん。

急に場違いなことをしてしまったような気がして、胸が苦しい、おなか痛い、トイレ行こうかな。

「えー……それでは22024の方は、貴重品を持って廊下に出てください」

22024？　それって私じゃん。えっなんか早くない？

8月27日

「何でわざわざ東大なの？」

東大大学院の最終試験。研究計画のプレゼンと口頭試問がまもなくはじまる。

それにしても、ここに来る前、「貴重品は各自で管理してください」って誘導の人に言われたから、控え室に置いてあるカバンの中からあえて、長財布をここまで持って来た。

しかし、私の隣で待ってる人々は誰1人こんなもの持ってない。なんで持って来たんだ。しかもズボラなせいで、太ってムチムチ状態の長財布……。

バカでかい財布を片手に持って口頭試問受ける人って、私が史上初なんじゃないか。隣の人もスタッフも、めっちゃ財布見てくる。きっと東大教授陣も研究内容より財布が気になるよ。

ああ、ヤダヤダ、まぁもう仕方ないね。

何も考えずに持って来た私がバカだったんだからね。逆に印象には残るかもしれないね。まぁいい印象ではないけどね。なんとか財布の件をポジティブに考えようと思ったけど普通に無理だった。

そんなこんなで、財布のことを考えていたらあっという間に入室の時間が来た。ここまで来たら、あとは自信満々にやればいい。

落ちたらもう財布のせいにすればいいんだ。受かるとか落ちるとか、なんでもいいからとにかく楽しめばいい！

緊張しすぎてあまり覚えてないけど
ビシッ
しつれい致します！
ものすごく元気に挨拶しながら面接の部屋に入り
ものすごく元気な感じで
お願いします！
ビシィィッ
資料を配布した
そして今に至る
それでは
今から発表をはじめてください

うわぁ
えっと
私の研究は
○○と
○○の○○で
なにこの
マネーの虎
みたいな状況
そして
この研究の
社会的意義は
ん…?
あの教授…
ガタガタッ
ガタガタッ
えげつない
貧乏ゆすり

あの教授
私の研究計画書を見て
イライラしてる・・・？
どうしよう
どうしても目について
集中できないよ
ダメだ
発表の後は
口頭試問なのに
こんな
気持ちじゃ
100
パーセントの
力を出せない
なんとか
プラス思考に
転換しなくちゃ
そうだ・・・
あの教授のひざは
モグラ叩きの
アイツだと思おう
イデッ
イデッ

塾の仕事で、推薦入試対策として、生徒たちの面接の相手をしたことがある。明るくハキハキしゃべる生徒は、話してる内容に関係なく好印象だったのを思い出して、自分史上、一番ハキハキした。

そんなふうに上半身は自信満々ふうだったけど、下半身はプルプルプルプル震えていた。幸い私の前にある教壇で、このプルプル感は隠せている。ああ、なんて幸運なんだろうね。


そしていい感じで発表が終わり、ついに口頭試問がはじまった。初《しょ》っ端《ぱな》、あの超高速貧乏ゆすりの教授が口を開いた。

「あなたが大学院で研究する理由は何ですか？　個人的に自分の考えを追究して、発表する人もいますよね？」

おっ！　出ました！　想定してた質問が来た！

心の中で思いっきりガッツポーズをしたけど、この簡単そうな質問が私の東大受験の中で最も地獄の試練なのであった。

この質問で点数が稼げる！
よっしゃー！
ククク…
教授のもとで実証的な分析方法を学び
自分の考えを学術的に追究したいからです！
どや！
どや
どや
よしっきまった！
それって本や論文読んで自分で勉強するのとどう違うんです？
個人的に考えを追究すればいいのでは？
が－ん！
この回答が満点じゃない？どうしよう…

ああそうだ・・・
ニーチェが確か
こんな名言残してた
人が意見に
反対するときは
だいたいその言い方が
気にくわないときである
つまり
私が今できる
最善のことは
さっきと
同じ内容を
ぐっ
教授のもとで
具体的な
エビデンスを
得る方法を習得
したくてですね
別の言い回しで
再放送することだ
これでなんとか
乗り切れるはず！
はぁ・・・

いや…
だからさぁ！
なんで
大学院に進学
したいのかって
聞いてるんだけど
・・・・
え？
・・・なんで？
なんで
だめなの？
悪いところが
わからない

こんな初歩的な質問のせいで私の夢が終わるの？
せっかくここまで来れたのに
どうしよう
あと一回瞬きをしたら涙がこぼれ落ちる
面接で泣くなんて絶対にダメだ
自分にそう言い聞かせてぐっと堪えた

8月27日

面接で泣きそうになるアラサー

あっ……これ、ダメなやつだ。焦りを通り越して、心の奥から悲しみがわぁっと押し寄せきて目に涙がたまる。

こんな簡単な質問なのに、東大の最終試験にまで来てこんなところで終わるの？ ここまでがんばっただけでも東大受験をしてよかった。――そう思ってたけど、せっかくチャンスをもらえて、せっかくここまで来たからには、やっぱり東大に合格して夢を追いかけたいんだ。

ちょっと待って、でも、**アラサーのＢＢＡが面接で答えられなくて、泣き出すとかめっちゃやばくない？**

子どものお受験ですら泣いたら不合格なのに、受験生の中では比較的オババな私が、最高学府の口頭試問で、怒鳴られたわけでも、意地悪されたわけでもなく、ただわからないってだけで泣くとか地獄じゃん。涙が落ちる寸前、とっさに鼻をかくふりをして親指で涙をぬぐい、言いたいこと（ほぼ再放送）を東大教授に伝えた。

「その、あの、やっぱり個人で追究すると考えが偏ると思うんです。研究者としての姿勢もここで身につけたくって……」

下手すりゃ鼻ほじりながらしゃべってると思われるリスクがあるけど、はなほじBBAより、面接で泣いたBBAとして名を残すほうがよっぽど嫌だ。東大教授の質問と私の再放送の回答×3のせいで時間が押したせいか、ほじり後すぐに進行の人が次に回した。

ほっとしたけど、初っ端の質問から大失敗したせいですっかり自信がなくなっていた。あのレベルであんなに突っ込まれるなんて、もう合格できる気がしない。もうその場にいるのがしんどくて、早く終わってくれと心の中で連呼していた。

今すぐ帰りたい。

さて、次の質問が来る。

「えー……と、これって○○を○○で、○○学とか○○学的にも考えて○○ってことなんですよね？　つまり今後○○と○○を勉強していきたいってことは、○○的に○○も考えるってことですか？」

「えっと……はい」

正直どこが質問なのかわからないし、教授が何を言いたいのかまったくわからなかったけど肯定しておいた。私の発表をすごく簡潔にまとめてくださったり、実験はこうするといいよ、とかアドバイスをくださったり……。

とにかく「はい」「ありがとうございます」「がんばります」以外はなんも言えねぇ状態だった。

これって点数になるのかしら……と思いつつラッキーだと思った。

そして最後の教授の番がきた。

やばい、この人めっちゃ有名な人じゃん。この教授は私の研究計画書の社会問題を「皮肉った部分」に反応してくださって、ものすごくいい感じだと思った。

この言葉を聞くまでは。

あのぉ～
素朴な疑問なんですけど
あなた
自分の作品を通して人々に研究の内容を周知したいとおっしゃってましたが
それってつまり
あなたにとって研究とは・・・
ドクン
ドクン…

漫画の
ゴゴゴゴゴ…
ネタづくりってことですか？（笑）
ん？
ネタ？
そ…それって…
もしかして学歴欲しさで
ガーン…
東大受けてると思われてる？

ネ……ネタ……？　それは皮肉？　それとも洒落《しゃれ》た言い回し……？　心臓が止まりそう。

「あなたにとって研究とは、作品のネタづくりですか？」

それが私の大学院入試の、最後の問題であり、一番の難問だった。ネタづくりって言われると、ものっすごく軽く聞こえる。

こんな質問が出てくるってことは、やはり……肩書のために東大を受けてるという印象を持たれている……？

東大での研究はネタづくり？

8月27日

ま、待て待て。落ち込むのはまだ早い。研究室訪問でも、いい企業に就職したくて東大大学院を受験する外部生はいらないって言ってた。

だからきっと、外部生の口頭試問では「なぜ自分の大学ではなく東京大学なのか」を聞くはずだ。

私の場合は、学生ではなく社会人のフリーランスで、モノづくりがお仕事だから

「ネタづくり」って言葉になったんだね。

ああ、きっと、この質問が私の合否の分岐点なんだ。決して研究は作品のネタづくりじゃないってこと説明しなきゃね。

さて、なんて答えようか。メディアや作品を通して、人々に何かを周知する研究者って……つまり研究だってネタづくりだと言えるんじゃないの？　作品をつくることが目的の研究ではなくて、自分の考えの主張のためのネタづくりでしょ？　尾木ママだって古市さんだって、落合さんだって。きっとそうじゃん。えっとつまり、つまり……なんて言えばいいんだ？

「えっと、えっと……」

頭の中がぐるぐるしてきた。なんでもいいからそれっぽいこと、早く言わなきゃ……早く言わなきゃ……早く早く早く早く！

「あの……その、私にとって研究とは、作品を通して主張するための、緻密《ちみつ》なネタづくりです！」


「……緻密なネタづくり？」

緻密なネタづくりと言った瞬間、その場の教授全員が大爆笑した。

……まさか、こんなところで笑いを取るなんてねぇ。座布団10枚ってか？　ねぇ、何がそんなに面白いの？　緻密なネタづくりっていうワードは、研究者に刺さるような言葉なの？　いい笑いですか？　悪い笑いですか？

私には、何が面白いのかさっぱりわからない。笑わせているんじゃない。笑われてるんだろうな。そう思った。

さよなら東大受験、さよなら東大主婦

8月27日

ぐるんぐるん。恥ずかしさと情けなさの渦に巻き込まれていくみたい。

最高学府の最終面接でおバカな解答をして偉い人に笑われてる私。ああ、かわいそう。そんな被害妄想で、マイナス思考の渦に飲み込まれそうになったけど、「あははっはは……」まだ東大受験は終わってないから、とりあえずヘラヘラつくり笑いをしておいた。

「それでは、第一希望の○○先生、最後に何かありますか？」

研究室訪問でお世話になった教授。最後のコメントで合否がわかりそうな気がする。そんな気がしてドキドキした。

「えーと、研究計画書を見たところ、統計の知識はあまりないようですね。フィールドワークとかもいいんじゃないでしょうか？」

「はい！　勉強してます！」

あれっ、なんだか前向きなアドバイスじゃない？　これって合格サイン……⁉

「それから○○先生の本で勉強すると、とても良いと思いますよ」
○○先生って、あの慶應の？　それって○○先生のところで勉強すればいいって意味？　それとも、大学院で研究せずに本で勉強すれば十分でしょって意味？　ああ、ダメだ。今考えるべきことではない。あとで思いっきり考えよう。まだ受験は終わってないんだから。
「はい！　しっかりがんばります！」

不合格の場合一体何をがんばるのか、自分でもわからない。でも言葉の裏の意味を考えるのはやめて、最後の最後まで明るい感じで、退室まで耐えた。耐えたよ。

そして帰宅した夫に今日の面接のことをもれなく報告した。

夫に報告した結果

8月27日〜

私は闘い疲れた戦士。心も体も、ボロボロなんだ。だから、今日は、今日だけは、やさしく慰めて。

「……だから言ったじゃん！　前日口頭試問の練習しようって、オレ提案したのに！　ベストを尽くしてない！」

あーあ！　もったいない！

えっ……。

「オレに文句言われたくなくて練習したくなかったんでしょ？　文句にうまく返す練習なんか必要に決まってるじゃん。あーあ、オレもなんだか不完全燃焼だよ」

ま、まさかのド正論おこ？　嘘ぉ。想定してた反応と全然違いすぎて、なんだか悲しみも吹っ飛んでいっちゃった。

だけど本気で怒ってくれるくらい、私の東大受験のことを真剣に考えてくれてたんだと思うと、うれしかった。そのあと、夫はこんなことを言ってくれた。

「9月に有給とれたし、リフレッシュにバンコクにでも行こうよ。合否は関係なくさ。ほら、ただっち次第で子どものことも考えてもいいし……」

旅行……、子ども……。そうだ。私の夢は、研究者になることだけじゃない。叶わない夢があったとしても、楽しみでワクワクする未来は無限につくることができる。すべて自分次第だ。それに何より、大好きな夫とこれからもずっと一緒に暮らしていけるんだ。

だから夢の1つがダメだったとしても、落ち込むことなんてない。東大に受かっても落ちても、私の人生はこれからも続くし、いくらでも幸せになるチャンスはある。だから、絶望する必要なんてまったくないんだ。

合格発表

8月31日

そして数日が経ち、合格発表の日が来た。

さて、私の受験生活のグランドフィナーレだ。ネットの合格発表がこわくて見られなくて、結局東大まで見に来てしまった。普通に落ちてるだろうなって気持ちが95％。筆記試験のおかげで受かってるかもしれないって気持ちが5％。

合格者の番号は、すでに張り出されている時間だ。

さあ、結果を見に行こうか。

掲示板の目の前まで来た。だけど足がすくんで、前に進めない。こわい。本当にこわい。合格発表を見た瞬間、何かがはじまるんだ。それは研究者としての新しい人生かもしれないし、想定より早めに「お母さん」になるための妊活かもしれない。どっちもうれしいけど、どっちもこわいし、どっちを失うのもこわい。

でも、大丈夫。たとえダメだったとしても、受けて良かったって思える日が来るはずだから。

努力したこと
自分自身と向き合ったこと
それは全部私の大きな財産だ
だから大丈夫
たとえ不合格でもマイナスじゃない
怖い…見たくない…
でも
ちゃんと見よう
ぐっ

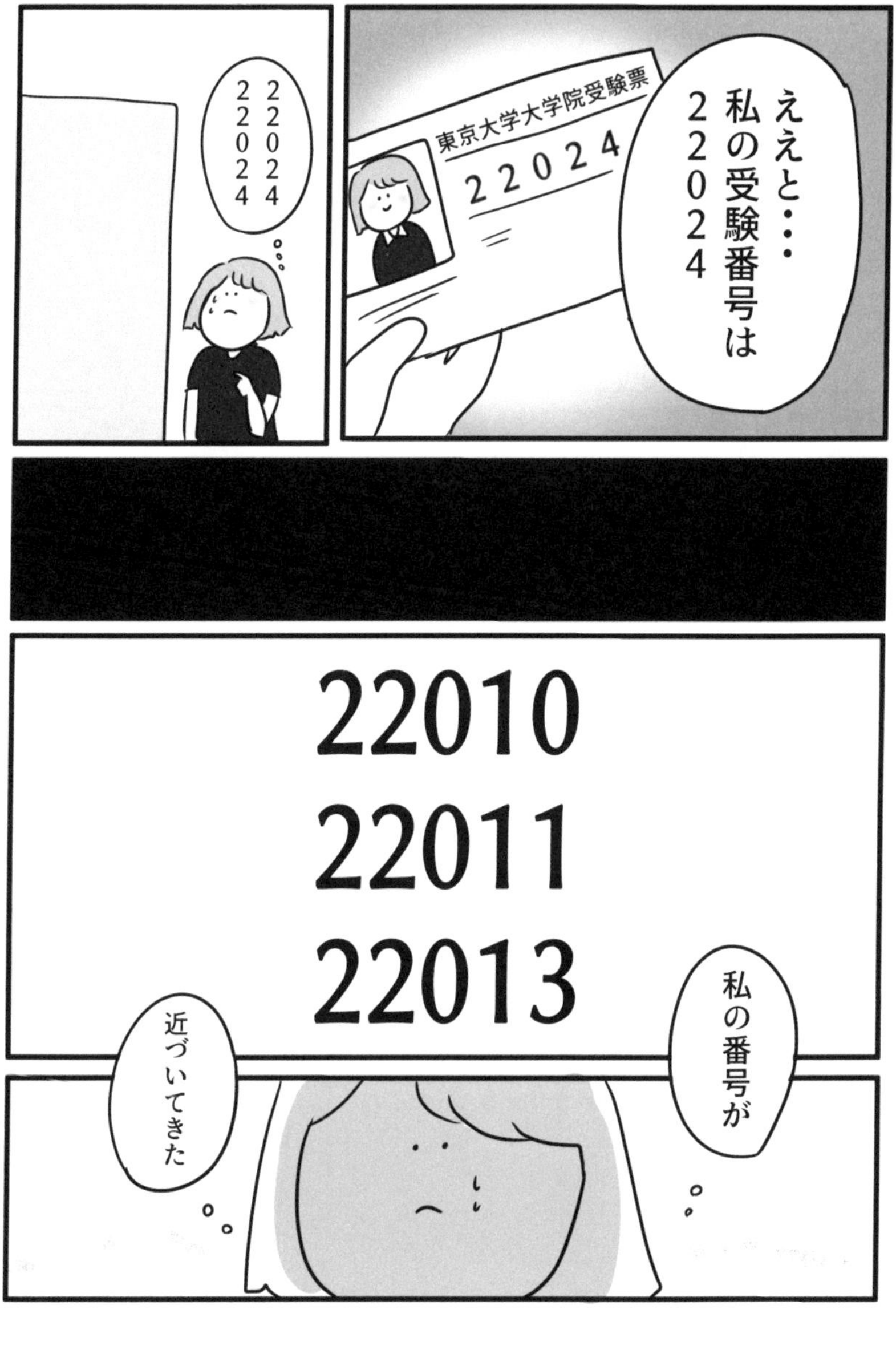
ええと・・・
私の受験番号は
22024
東京大学大学院受験票
22024
22024
22024
22010
22011
22013
私の番号が
近づいてきた

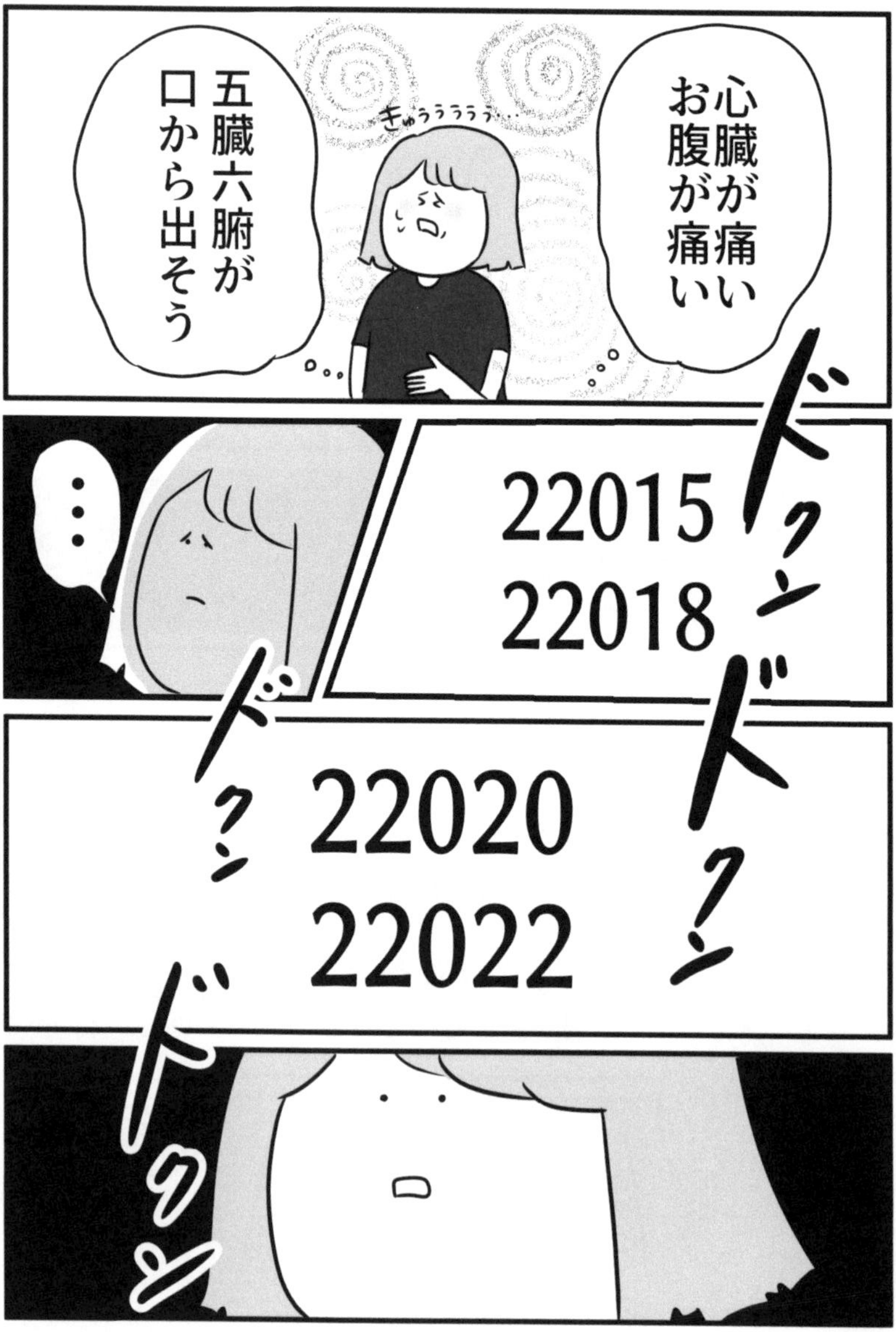
心臓が痛い
お腹が痛い
きゅうううううう…
五臓六腑が
口から出そう
ドクン
…
22015
22018
ドクン
22020
22022
ドクン
ドクッ

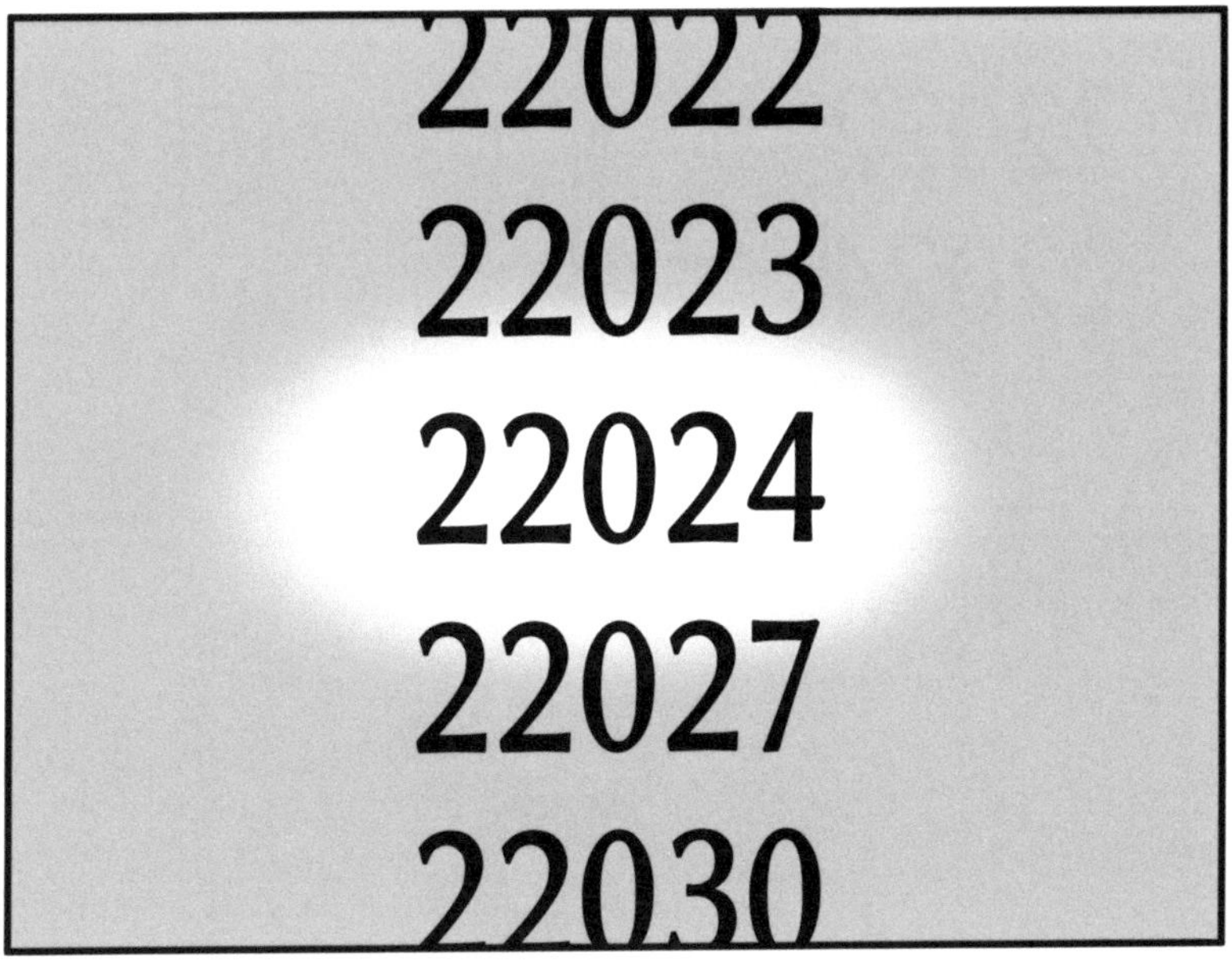
22022
22023
22024
22027
22030

あ
あった
・・

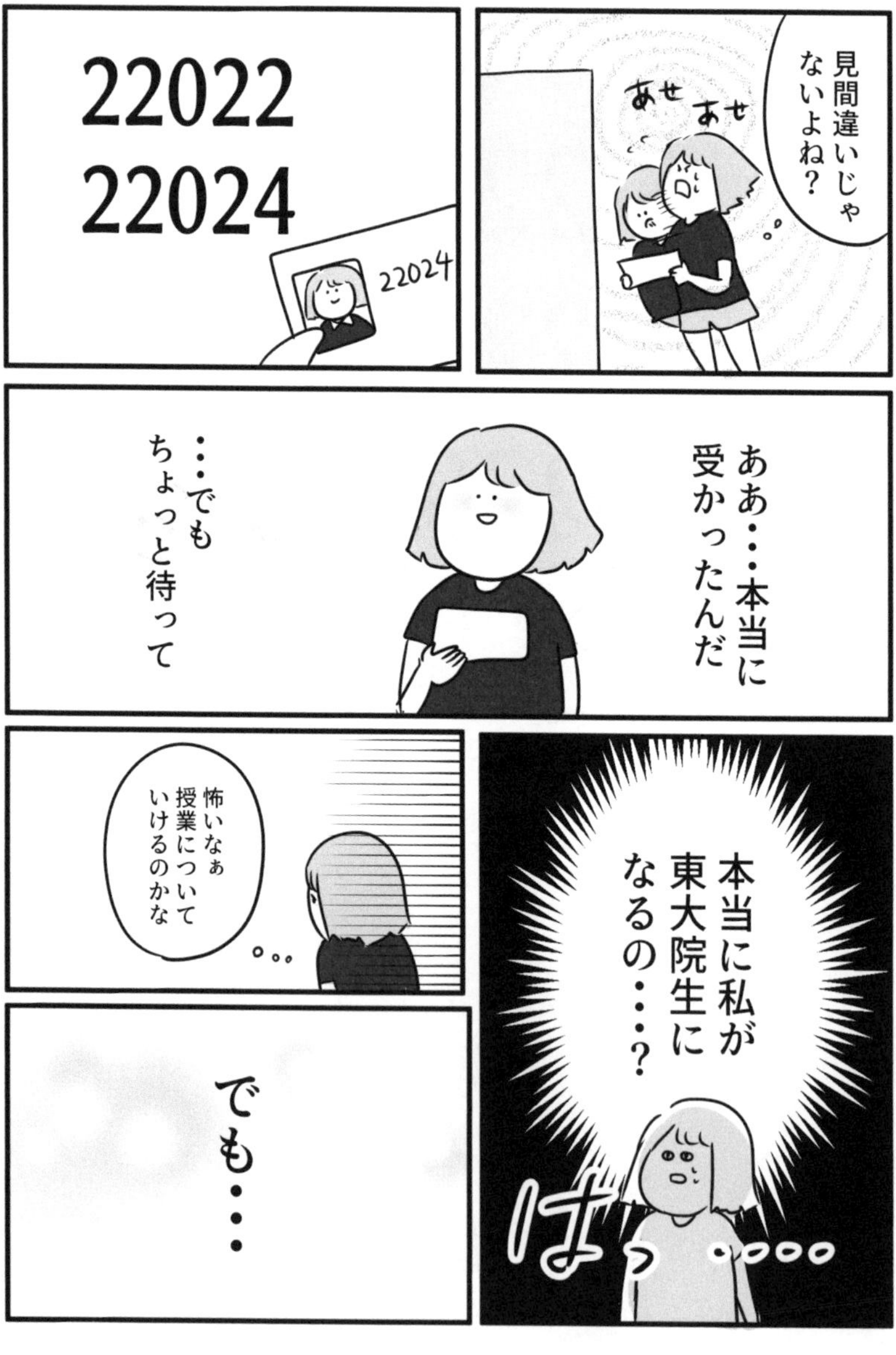
見間違いじゃないよね？
あせ
あせ
22022
22024
22024
ああ…本当に受かったんだ
…でもちょっと待って
本当に私が東大院生になるの…？
はっ……
怖いなぁ授業についていけるのかな
でも…

私の人生
すごくワクワクする!
ああ・・・
本当に
私、ただの主婦だけど
東大の大学院に合格できたんだ

9月某日

私が見つけたもの

合格発表から数週間が経ち——大学から合格通知の書類が届いて、やっと来年（2019年）の春から「東大院生」になる実感が湧いてきた。大学院の合格発表後、学部受験を検討するつもりだったけど、もはやそんな気力はもうなかった。大学院からスタートする、そう決めた。

アラサーでもう一度学生になるなんて、絶対家族に反対されると思っていたけど、合格してしまえば意外となんともなかった。むしろ、すごく喜んでくれた（東大というパワーワードのおかげかもしれない）。

もちろん、夫もうれしそうだった。私が合格するなんて、想像もしていなかっただろうけど、なんだかんだ応援してくれていた。

毎日二度寝して、適当にご飯つくって、ソーシャルゲームで遊んで、お昼のワイドショーを観て、他人のＳＮＳをチェックして、ストレスにならない程度に在宅の仕事をして……。

そんな「ただの主婦」の私はもういない。別に「ただの主婦」であることが、悪いわけじゃない。それが自分にとっての一番の幸せなら、とっても素敵なことだ。なんの問題もない。

だけど、私は違った。それが、「一番の幸せ」だと思い込んでいた。思い込むならとことんそう思い込めばいいのに、他人の成功をうらやましく思ったり、時には嫉妬したり。

自分が「どう生きたいのか」考える努力を放棄して、もしくは、やりたいことがあっても、「やらない理由」を探して、結局何もやらずじまい。そのくせ、立派に文句だけを言う人生。うん、約30年間ずっとそうだった。

もし、東大を目指さなかったら、途中であきらめていたら、どうなっていただろう?

考えると、ときどきこわくなる。前までは、これといった「大きな夢」を持っていない状態が普通だったし、結婚して主婦になれば、そんなもの持ってても仕方ないとさえ思っていた。

だけど、今はそれが大きな間違いだったって思っている。夢があるからこそ、1日1日を大切に生きられるし、自分の人生を生きてるって実感が得られる。

ただっちはいいね、夢があって。

……そんなことをよく言われるけど、夢がないって人はきっと、夢をつくっていないだけなんだ。なんの願望もない人なんて、多分いないよね。

お金持ちになれたらなぁ、有名になれたらなぁ、タワーマンションに住めたらなぁ、海外旅行にいけたらなぁ、私もバリキャリになれたらなぁ、来世は○○したいなぁ。

じゃあ、やってみればいいじゃない。そのために、具体的に何をすればいいのか、まずは考えてみればいい。せっかくの自分の気持ち、大事にしてあげなくっちゃ、もったいないよ。年齢とか、職業とか、関係ない。今すぐはじめたほうがいい。だって人生1回しかないんだから。

……とはいえ、今後私が東大院生として研究者の道を歩みはじめて、その先に幸せがあるのかどうかはまったくわからない。家事の問題だって解決してないし、子どもを授かることができるかどうかもわからない。すっごく後悔する未来もあるかもしれない。

でも、どんなことがあっても別にいいやって思える。なぜなら、「夢」に向かって進み続ける「過程」がおもしろいんだから。失敗してもいい、バカにされてもいい。

それでも、腐らずに自分のやりたいことを本気でやる。それこそが生きることなんだって、東大受験をやってみて、わかった。

ああ、ほんと、気づけてよかったよ。

さよなら、ただの主婦の私。

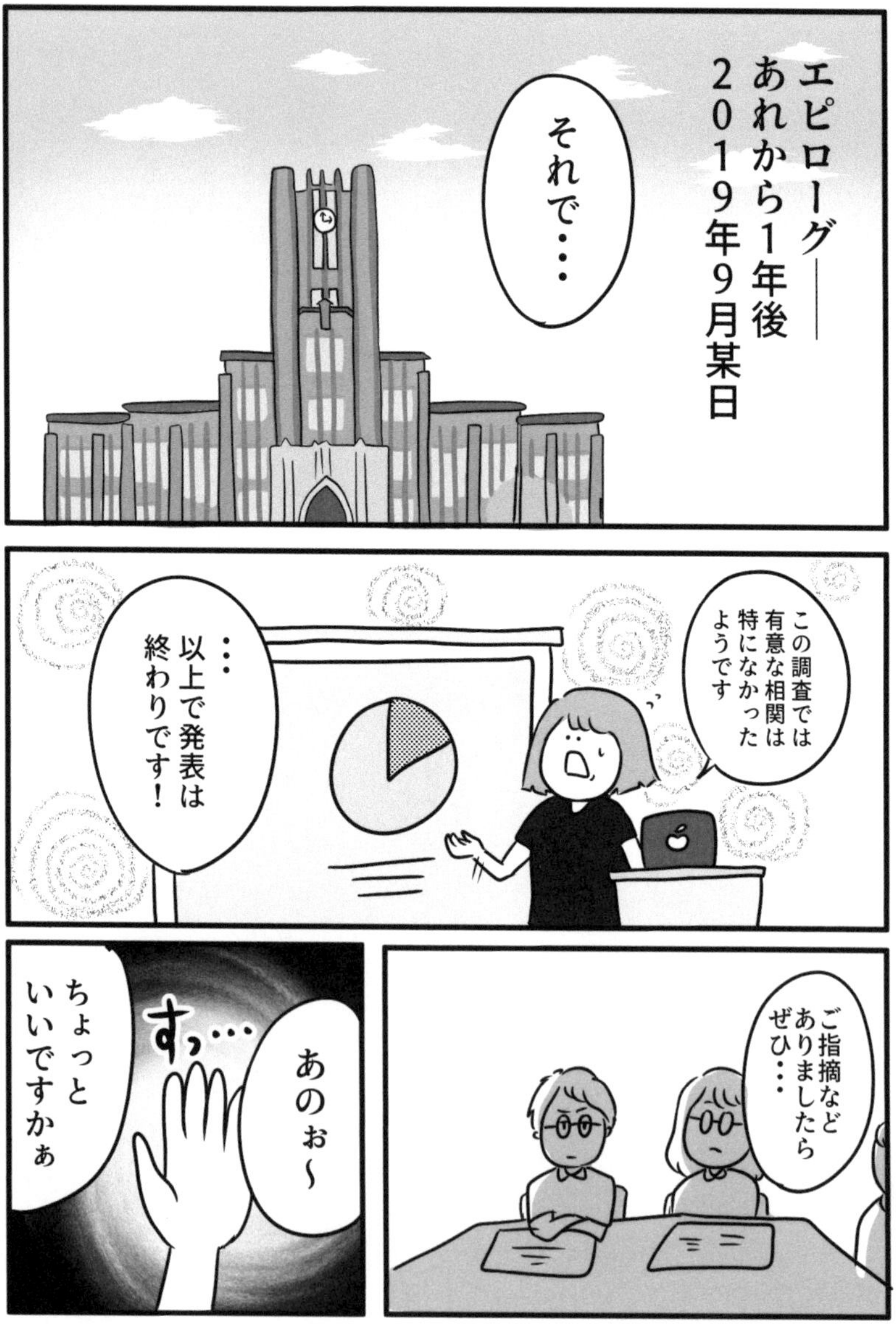
エピローグ――
あれから1年後
2019年9月某日
それで・・・
この調査では有意な相関は特になかったようです
・・・以上で発表は終わりです！
ご指摘などありましたらぜひ・・・
あのぉ〜
す，・・・
ちょっといいですかぁ

参考文献の三つ目
僕が読んだ限りではそんなこと書いてなかったのですが・・・
え
うそぉ
す・・・すみませんまた読み直します！
まさか参考文献までチェックするとは・・・
フゥ
こんな優秀な人たちと一緒にやっていけるのかなぁ・・・
あ・・・15時・・・
15:00

去年の私は
この時間まで
ゆっくり
テレビを見て
文句を
言いながら
家事をして・・・
めんどくせー
・・・でも
そんな私は
もういない
今いるのは
好きなことを
する私だ
それまでの私は
「ただの主婦」であることが
イヤでイヤでたまらなくて
いまもむかしも、
そしてこの先も
ずっと
このままなんだって
思うと怖かった
主婦

だけど
こんな自分でしか
なかったのは
これまでの
生き方の結果であって
この先もこのままなのか
それとも変わるのかは
結局、私「自身」の問題なんだ

精一杯生きていれば
だれにでも光はさす。
今なら分かるんだ
だって
私はもう
「何者」にでも
なれるのだから。

あとがき

『実存は本質に先立つ』

これは、哲学者ジャン＝ポール・サルトルの私のお気に入りの言葉です。「あなたは一体何者ですか？」……学生、ニート、ＯＬ、兼業主婦、専業主婦……。だれだって、何かしら「自分は◯◯だ」という説明ができると思います。

私は「ただの主婦」、と自称していたわけですが、夢を見つける前は、「ただの主婦」であることにコンプレックスを感じていたものの、そこから抜け出す努力を１ミリもしていませんでした。何者かになるために、努力をすることから目を背けているというよりかは（もちろん家事からは目を背けていましたが……）、「今から努力をして、何かになれる」という考え自体が思い浮かばない状態だったのです。

それは、「主婦は一般的にこうするものだ」、という考えに囚われていたからなのです。「主婦だから◯◯できない」「主婦だから◯◯しなくちゃいけない」「主婦として、〇〇でいるべきだ」……だけど、それらは、ただの思い込みでした。

一般的に良いとされる「主婦」像はもちろんありますが、そこにコミットする必要はないのです。自分の人生ですから、自分にとって一番良い生活スタイルを考えて、それを目指したっていいんです。

もちろん、お金、家族、時間、人それぞれ色んな問題があると思います。誰かとともに生きている限り、完全に自由な生活はできません。だけど、こんな考え方もできるのではないでしょうか。

「主婦だけど、〇〇すれば〇〇できる」

新たに行動を起こすには、とても大きなエネルギーが必要です。

冒頭で、『実存は本質に先立つ』という言葉を使いましたが、この言葉は言い換えると、「人間は気づいたら実存（存在）している。だから、本質（存在理由）を後から自分自身で作らなければならない」という意味になります。少し飛躍しますが、「人間は自分の行動次第で、現状の自分を否定し、自分の新たな可能性を切り開いていける存在」、ということなのです。

だから、なにかワクワクするような夢や志、目標が見つかったとき、とにかくまずは行動に移すことが大事なのです。行動しているうちに、「何者」かになるのです。

私が、ブログ『ただの主婦が東大目指してみた』を始めようと考えた理由のひとつに、私と同じように「べつに不幸ってわけじゃないけど、どこかつまらない」生活を送っている人や、「自分の好きなように生きてる人がうらやましい」と考えている人に何かの役に立ちたいと思った、というものがあります。

運よくうまくいったから言えることじゃないの、と思う方もいるかもしれませんが、自分の本当にやりたいことを見つけ、努力しているときは「結果」がどうであれ、「プロセス」自体がとても楽しいのです。受験勉強は大変でしたが、「自分の人生を生きている」という実感ができて、心が満たされました。

夢を追いかけることが、えらいのか、と言われると、まったくそうではありません。だけど、もし、心の中に想像するだけで少しでもワクワクするような「夢」「目標」「自分像」があるのならば、「今」その気持ちと向き合ってみてほしいのです。それらは、自分を輝かせるための、原石で、自分だけの、特別な感情なのです。

人生は、有限です。漠然と生きていると、あっという間に終わってしまいます。もし、少しでもいいな、と思うことがあれば、行動してみてください。きっとあのとき行動してよかったな、と思う日が来るはずです。

この本が、誰かのなにかのきっかけになりますように。

最後に、この本の執筆にあたり支えてくれた夫、アシスタント、そして素敵な本に仕上げてくださった担当編集者さん、そして、この本を読んでくださったすべてのみなさま、ブログの読者のみなさま、本当にありがとうございました。それでは、またどこかでお会いしましょう！

2020年1月

ただっち

ただっち

アラサー主婦。夫と社宅で2人暮らし。イラストレーターをしたり、WEB漫画を描いたり、フリーランスとして活動中。

結婚後、コミュ障な自分には「専業主婦こそが天職」とばかりに、苦手な家事を中途半端にこなしつつ、昼夜逆転の自堕落な生活を満喫。しかし、2018年の初夏、ついに夫の怒りを買うことに。降って湧いた離婚への危機感から、まっとうな主婦道を歩むことを決意するも、相変わらず家事をまともにこなせないことで自己嫌悪とストレスにさいなまれる。普通はここでズボラな自身を見つめ直し、できないながらも改善や努力を続けるところだろう。ところが、「私の苦しみのすべての元凶は苦手な家事にある」という独特な思考回路の末、専業主婦としてはあるまじき「家事を捨てる」という結論を導き出す。

もちろん、それでは「ただの主婦」から「ただのクズ」への下位互換に他ならない。その差を埋め合わせるべく、いや、低い自己肯定感を持つ者特有の強い承認欲求と自己顕示欲を爆発させ、「特別な主婦」になることを決意。そこで夢見たのが「東大主婦」。学歴的にも年齢的にも立場的にも、明らかに無謀・非現実的な挑戦であったが、夫を巻き込んだ1回きりの東大受験がスタートする。

そうした日々を漫画とともに描いた「ただの主婦が東大目指してみた」は月間450万PVの人気ブログに。本書はこのブログのまとめではない。丁寧に過去を振り返り、ブログでは描かなかった出来事や心理描写を盛り込んだ、漫画もテキストも完全描き下ろしの、ちょっとただ者ではない主婦による東大受験奮闘記である。

著書に『東大「ずる勉」英語』（ぱる出版）がある。

●ただの主婦が東大目指してみた　http://tadanotodai.blog.jp/

ただの主婦が東大目指してみた

2020年2月19日　初版発行

著　者　ただっち
発行者　太田 宏
発行所　フォレスト出版株式会社
〒162-0824
東京都新宿区揚場町2-18白宝ビル5F
電　話　03-5229-5750（営業）
　　　　03-5229-5757（編集）
URL　http://www.forestpub.co.jp

印刷・製本　萩原印刷株式会社

ISBN978-4-86680-068-4　Printed in Japan